A ISCA

JOÃO PEDRO PORTINARI LEÃO

A ISCA

UMA HISTÓRIA REAL

EDITE

1ª reimpressão

Preparação de texto e produção editorial
BR75 | Silvia Baisch

Revisão
BR75 | Aline Canejo e Clarisse Cintra

Capa, projeto gráfico e diagramação
BR75 | Luiza Aché

Dados Internacionais de Catalogação na Publicação (CIP)
Angélica Ilacqua CRB-8/7057

L476i Leão, João Pedro Portinari
A isca/João Pedro Portinari Leão. -- Rio de Janeiro: Edite, 2019.
176 p.

ISBN: 978-85-94209-13-9

1. Leão, João Pedro Portinari, 1975- Biografia 2. Ataques de tubarões - Búzios (RJ) 3. Surfistas - Ferimentos e lesões - Búzios (RJ))
I. Título

19-2840 CDD 927.9732

Índices para catálogo sistemático:
1. Contos 927.9732

Agradecimentos

Gostaria de agradecer
a Ana Araujo de Santana,
ao casal que me salvou,
a Roger Wright e família,
ao Dr. Joaquim e à minha família.

Prefácio

Iate Clube do Rio de Janeiro, Escola de Desportos Náuticos (EDN), 1982. Nunca imaginei que, daquela escolinha de vela, que mais parecia uma colônia de férias, pudesse nascer uma família de amigos de verdade. Na época, tínhamos entre 7 e 8 anos e estávamos empolgados em dominar a arte de velejar solo um Optimist. Nesse tempo, os limites eram descobertos por nós mesmos, e não impostos pelos pais. Tínhamos à disposição todos os "brinquedos náuticos" e escolhíamos qual deles usar dependendo do humor de São Pedro no dia.

Uma das primeiras recordações de que eu tenho do João em Búzios, coincidentemente, remete a um tubarão. Lembro-me de irmos, ao pôr do sol, ajudar a puxar o arrastão na Praia de

Manguinhos. Dois grupos de pessoas puxavam da praia as extremidades de uma rede gigantesca. Era uma operação demorada. Até que um cação ficou preso na rede. Foi a primeira vez que nos deparamos com um tubarão de verdade! Se não me engano, foi no verão de 1984, 13 anos antes do ataque.

Lembro-me bem da primeira vez que pisei na "Disneylândia": o cheiro de óleo dois tempos, misturado com o da borracha do Zodiac MK13, dos dois motores (55 HP Johnson e 25 HP Mercury), as pranchas de surfe (Green Forever e Rico), os materiais de mergulho e arpões, as inúmeras pranchas e velas de windsurfe... Na verdade, a Disneylândia era a garagem de barco da casa do João. Além da área coberta, ainda tinham alguns brinquedos espalhados pelo jardim, como o Supercat 17 e um Laser. Definitivamente, ali passou a ser o QG da nossa turma, onde sempre começavam as aventuras.

Em 1998, no ano seguinte ao ataque, encontrei o João sozinho no Boat Show. Ele já estava recuperado, andando normalmente e fazendo planos para surfar no Taiti. Me convidou para acompanhá-lo naquela aventura, e acabei aceitando.

Lembro como se fosse hoje do dia do primeiro mergulho no Taiti: o João segurando aquela filmadora amarela, submergindo, e eu descendo logo acima. Surgiram dezenas de tubarões-galha-preta de mais ou menos 1,5 metro, que nos acompanharam por todo o mergulho. Em alguns momentos, eles vinham para cima da câmera e desviavam praticamente raspando na lente, e o João recuou em respeito, por várias vezes. Eu olhava para ele e imaginava o que deveria estar passando por aquela cabeça. Ao final do mergulho, ainda tivemos a oportunidade de ver, mesmo que de longe, um tubarão-limão de uns quatro metros!

De volta à superfície, a cara do João era de quem tinha acabado de passar no vestibular. De fato, ele tinha vencido o trauma. Hoje, acho que o surfe foi um pretexto. Ele queria mesmo mergulhar e encarar de frente aqueles peixes, já que um deles quase arrancou sua perna um ano antes.

Erick Ceppas

Sumário

MEU PEDAÇO DE MAR

As janelas sacudiram a noite toda. Podia ouvir as rajadas de vento zumbindo pelo telhado da casa, fazendo a poeira e a areia da praia entrarem pelas frestas das telhas. Para mim, isso era a glória: o vento nordeste continuava. Que sorte!

No dia anterior, eu tinha lançado uma prancha nova na água em grande estilo. Saí da nossa casa, na Praia de Manguinhos, e velejei até a Ilha Branca, na ponta mais afastada da península de Armação dos Búzios, localizada a 165 quilômetros da cidade do Rio de Janeiro, em uma parte do litoral sudeste conhecida como Região dos Lagos. Nesse dia em especial, a água azul de mar aberto, como chamamos, estava bem próxima à costa, uma condição singular. Foi incrível deslizar sobre a água cristalina. O amarelo marcante da minha prancha ficava fluorescente em contraste com o azul infinito do mar, aumentando minha vontade de seguir adiante.

Velejei até a Ilha Branca, mas não tive coragem de contorná-la pelo lado de fora. Ali já é mar aberto, com ondas bem maiores e correntezas mais fortes, com poucas possibilidades seguras para voltar a terra e, claro, todo tipo de peixe que se possa imaginar. Aquele é o território deles.

Sempre tive muito respeito pelo mar e, nesse dia, não foi diferente. A poucos metros da ilha, resolvi voltar. Daquele ponto em diante, seria uma "ladeira abaixo", velejando com vento e ondas a favor. Mirei minha prancha em direção a Rio das Ostras e fui cruzando a imensa baía que abrange três municípios (Armação dos Búzios, Rio das Ostras e Macaé). Dropando uma onda após a outra, tendo o meio do oceano como rumo, fui ficando cada vez mais invisível na imensidão azul.

Estava a três milhas náuticas do continente (cerca de 5,5 quilômetros), me afastando. Velejava sobre um degrau no fundo do oceano, o tipo de acidente geográfico que atrai vida marinha. Não à toa, os bons pescadores de alto-mar procuram pescar sobre o fim da plataforma continental, onde o relevo do fundo oceânico cai abruptamente de 200 metros para mais de 1.000 metros de profundidade.

Mas, naquele momento, olhando a prancha deslizar sobre o mar, cuja superfície estava repleta de reflexos de céu e sol, não pensei em nada disso e, como de costume, parei no meio de todo aquele marzão para imergir inteiro na água. Boiar no meio do mar o mais distante possível de terra firme era a maior recompensa para nós, windsurfistas do Porto Belo. Era como chegar ao cume de uma montanha muito alta. Também servia para relaxar os dedos inchados das mãos, os calcanhares tensos, as coxas travadas e os ombros rijos. Era um verdadeiro banho na alma.

CARMA

Antes de continuar esta história, preciso contar um segredo. Um pedaço da minha trajetória que nunca contei a ninguém, relacionado exatamente a essa prancha em tom amarelo marcante. Tinha recém-completado 20 anos, voltava de uma viagem de um ano e meio para fora do país e não tinha quase nenhum dinheiro no bolso. Durante esse tempo fora do Brasil, o windsurfe tinha ficado de lado. Voltei sabendo que encontraria meu equipamento todo destruído, principalmente minha prancha, cujo fundo tinha descolado pouco antes de eu viajar.

A solução foi chamar um amigo para dividir a compra de uma prancha nova. Voltaria ao meu ponto inicial no windsurfe, o famoso revezamento de material: um fica na areia enquanto o outro veleja. Escolhemos a dedo um modelo de prancha e fechamos negócio. Os meses seguintes foram de muita festa e muitas velejadas. Não era totalmente ruim revezar o material. Pelo menos, tínhamos a certeza de que alguém veria nossos saltos e nossas manobras. E como isso era importante!

"A segunda melhor coisa do mundo é dar um salto muito alto ou acertar uma manobra incrível. A melhor coisa do mundo é a repetição da primeira, mas que um amigo tenha visto!", costumamos brincar. Para mim, era a glória quando alguém elogiava a altura dos meus saltos. E foi justamente à procura de elogios que tudo começou.

Uma onda perfeita, a velocidade perfeita e o salto perfeito, subindo como um foguete, voando o mais alto possível! Até que a força da gravidade começou a vencer. Parei de subir e, com o rabo do olho, verifiquei o tamanho da encrenca que seria voltar ao mar. Comecei caindo confiante, mas amarelei no instante de bater na água: estiquei o pé de trás na prancha e aterrissei chapado na superfície da água. Com o impacto, meu windsurfe estremeceu, minha cabeça balançou presa ao pescoço e eu percebi que algo de errado havia acontecido. Uma rachadura se abriu entre a vela e os meus pés, bem no meio da prancha. Tinha partido o deque, a parte superior do equipamento, ao meio. Era o fim de mais uma prancha.

Velejei com cuidado de volta à praia para dar a má notícia ao meu sócio. A solução sugerida foi não contar para ninguém: amigos, outros velejadores, ninguém! Tiramos a prancha da praia correndo, como quem acaba de cometer um assassinato e está querendo esconder o corpo.

Remendamos a prancha condenada para esconder o problema e, na maior cara de pau, levamos até a loja para trocar por outra nova. Importante lembrar que o dono da loja era nosso conhecido — por que não dizer amigo?

Sem dar chances para que fôssemos descobertos, trocamos a prancha! Toda amarela com desenhos de fogo vermelho-sangue rajando o deque. Era linda! Missão dada, missão cumprida!

Claro que foi errado o que fizemos, e também é claro que nenhum dos dois precisava ter agido daquela forma, mas o fato é que fizemos, e foi aí que tudo começou.

Meu amigo e sócio nem chegou a usar a prancha nova — logo depois da troca, foi tentar a vida fora do país, com a certeza de que, sempre que voltasse para terras tupiniquins, teria uma prancha à sua espera. E eu, todo feliz com minha prancha linda e nova amarrada no teto do meu carro, tomei o rumo de Búzios!

PRESSEN
TIMENTO

Do nascimento, o homem carrega o peso da gravidade em seus ombros. É aparafusado à terra. Mas o homem só tem que afundar embaixo da superfície e ele estará livre.

Jacques Cousteau

Ao meu redor, só água. Estava completamente isolado e boiando no meio do oceano. Sentia como se fosse o primeiro ser humano a estar ali. Mas não me sentia sozinho; parecia que estava sendo observado. Nunca tinha sentido aquela sensação; parecia estar invadindo um território que não era meu.

Sem perder tempo, fiz um *water start*, uma manobra para sair da água e subir na prancha, e voltei rapidamente a velejar. Na mesma hora, pensei: "Foi só um sentimento, nada demais". Nunca tive medo de tubarão. Seria necessário muito mais do que um breve sentimento para me alertar dos riscos que corria nessas rotineiras incursões ao mar aberto.

OBSESSÃO BUZIANA

Em uma época sem internet, *smartphones* e aplicativos de clima, um barômetro preso a uma pilastra de madeira da sala era nosso único equipamento meteorológico. A primeira coisa que meu pai fazia quando chegava a Búzios era alinhar os ponteiros do aparelho e dizer como estaria o tempo nos próximos dias.

Eu também tinha meus indicadores meteorológicos: os cata-ventos na beira da estrada em Araruama, uma hora antes de chegar a Búzios. Vê-los girando a toda velocidade era adrenalina pura! Queria poder sair voando para chegar logo ao destino. Era a certeza de felicidade. O contrário era devastador: quando estavam parados, eu quase chorava. Olhava do carro com os olhos vidrados, tentando movê-los.

Depois de passar anos rezando por calmarias para poder pescar, agora eu rezava, torcia e pedia por vento. Não estava sozinho. Todos do condomínio queriam ver o mar o mais encarneirado possível, branco de espuma.

Por uma coincidência atroz, sempre que um de nós comprava um equipamento novo, era tiro e queda: o vento parava. Tínhamos que torcer para voltar a ventar. Mais: ventar nos fins de semana, já que todos morávamos a quilômetros de distância, na capital do Rio de Janeiro, e essas eram nossas casas fora da cidade grande. Éramos cinco ou seis famílias vizinhas no mesmo loteamento, apelidado e conhecido carinhosamente como Condomínio Porto Belo, na Praia de Manguinhos, onde passei a maior parte da minha infância e da minha juventude. Eu, meu irmão e todos os nossos primos e amigos.

Minha tia Ângela sempre diz:

— João, é um milagre vocês todos terem sobrevivido. Viviam soltos no mar. E nós, adultos, tomando caipirinha desde as onze da manhã.

Realmente era uma festa maravilhosa. No carnaval, tinha um bloco com direito à bateria da Portela!

Fomos criados nesse clima de liberdade e união. Com 8 anos, eu já tinha um bote laranja inflável, a remo, com dois metros e meio de comprimento chamado Ala Moana, nome da única loja de surfe que eu conhecia até então. Filipe e seus irmãos, nossos vizinhos, também tinham um pequeno barco, o Capetinha — na tentativa de ser o diminutivo de Capitu, que era o barco do Tio Zuca, pai deles.

Esse barquinho a remo, de madeira, foi construído ali perto, na casa do Bento, pelo senhor Asteril, um sujeito alto, magrelo, barbudo e com as maiores varizes que já vi até hoje. Era uma figura mitológica, marceneiro de mão cheia, que morava no galpão onde construía barcos a remo, veleiros e Tornados — um pequeno estaleiro cercado pelas pitangueiras gigantes mais incríveis que já vi, com frutas roxas de tão vermelhas.

Ainda no mesmo terreno e também cercado pelas pitangueiras, ficava a flotilha de Tornados, único catamarã (bicasco) olímpico na época: sete metros de pura elegância, com cascos afiados como facas que cortavam o mar em alta velocidade com maestria. Um casco correndo dentro d'água e o outro parecendo acariciá-la na superfície. Adorava cruzar com eles velejando. Era impossível não passar perto e chamar para um pega! Windsurfe × Tornado.

Conhecia todos os velejadores, pois meu pai fazia parte da flotilha. Apesar do passado de pescador e, consequentemente, lancheiro, como são chamados todos os que vão para o mar exclusivamente de lancha, meu pai não resistiu ao chamado da lestada (vento do quadrante leste) "buziana", um dos ventos mais constantes do litoral brasileiro. Primeiro, comprou um Laser (monocasco de três metros e meio). Sem saber nada de vela, saiu, literalmente, capotando mar adentro. Em seguida, um Supercat 17 (catamarã de cinco metros), para continuar capotando, e, finalmente, depois de muitas milhas velejadas, foi para o Tornado, com o qual participou de vários campeonatos.

Minha família toda se envolvia nessas aventuras, desde os primeiros passeios até as regatas — e, claro, nos salvamentos também. Eu mesmo fui salvar meu pai algumas vezes. Era a maior correria para colocar o bote na água e torcer para o motor ligar. Não esqueço de uma vez que meu pai precisou ser socorrido às pressas e eu tinha acabado de trocar as velas do nosso velho motor

Mercury 25 hp. Subi no barco, bombeei a gasolina com todo cuidado para não afogar o motor, coloquei o acelerador no ponto certo e, com as duas mãos, puxei a corda que dava a ignição. O motor ligou de primeira e não parou mais. Um milagre!

UM DIA COMO OUTRO QUALQUER

Apesar da minha prancha nova, ventava muito no dia 20 de abril de 1997 — um domingo, véspera do feriado de Tiradentes —, contradizendo a tradicional relação entre equipamento novo e vento fraco. As condições estavam perfeitas.

Muito sol e, principalmente, vento, lestada com 20 nós de velocidade, condição muito comum em Búzios, apelidada de Terra dos Ventos, um dos melhores lugares do mundo para velejar.

Era cedo. Fui até o banheiro espiar o dia pela janela do chuveiro. Voltei à pia, joguei água no rosto e tentei abaixar a cabeleira. Saí do quarto rumo à sala, caminhando pela varanda até a porta principal da casa, feita de madeira grande e pesada. Não me esqueço da vez que, empurrada pelo vento, essa porta mordeu minha orelha e me fez tomar meus primeiros pontos. "Pontos não, por favor!"

Entrei na parte principal da casa, com todos ainda dormindo, passando pela sala com a mesa de café da manhã já posta, e tomei o rumo da praia. Desci os degraus do pátio de tijolos e cheguei ao caminho de areia entre arbustos, uma espécie de trilha que leva à frente da casa. Na praia, a ventania disfarçava a temperatura, que a essa hora já devia estar na casa dos 30ºC. A maré na manhã desse dia era baixa e deixava a praia com uma grande faixa de areia batida de cor marrom-dourada. Restos de algas trazidas pelo vento secavam e apodreciam, expostas ao sol, produzindo um cheiro forte que eu adoro.

A Praia de Manguinhos se estende por alguns quilômetros e, junto com a Praia Rasa, forma a Baía Formosa. Voltando a vista para o lado esquerdo, menos protegido do vento, podia ver algumas ondas começando a crescer, com seus topos já sendo varridos, formando os carneirinhos de espuma: um ótimo sinal. Senti o vento no rosto esfriando o sol, ouvi o barulho que fazia ao sacudir as árvores próximas, prestei muita atenção na direção e na constância de suas rajadas.

Estiquei o olhar até o horizonte, passando pelo mar verde rajado de amarelo, resultado da mistura da água doce dos rios que desembocam na região com a água salgada que é empurrada pelo vento para dentro da baía. Um conjunto de fatores, como pressão atmosférica e temperatura, faz deste lugar um paraíso para quem gosta de vento. Em poucos minutos, já sabia que seria um grande dia de velejo.

Voltei para dentro de casa e me sentei à mesa. À minha frente, uma parede de pedra enfeitada por uma arma de mergulho do meu avô, a familiarmente famosa Coca-Cola, uma das primeiras versões de arma de mergulho com ar comprimido, que um dia já foi moderna e arpoou muito peixe. Meu avô Antar Padilha foi campeão brasileiro de caça submarina. Suas fotos espalhadas nas paredes pareciam sair de um filme de Hollywood: todo mundo bonito, forte e sorridente com seus peixes. Em preto e branco, são uma viagem no tempo.

Ataquei a mesa do café com vontade. Coloquei o pão com queijo minas para derreter e, enquanto escutava o tique-taque do forninho, fui tomando meu café com um pouco de açúcar. Do lado de fora, a sinfonia da natureza só aumentava. O barulho das folhas das árvores se debatendo, a vibração dos vidros das janelas soando como música para meus ouvidos e enchendo minha alma de expectativas.

O cheiro do pão querendo queimar foi o sinal de que precisava para tirá-lo do forno e jogar mel por cima: doce com salgado, igual ao mar de Manguinhos. Saboreei meu sanduíche com cuidado para não melar tudo à minha volta. De tanque cheio, estou pronto para passar o dia inteiro no mar.

FÉ

O medo sempre fez parte da minha vida: quando pequeno, tinha medo de morrer, de escuro e de porta fechada; até bem mais velho, de elevador. Ser corajoso não significa não ter medo. Quem não tem medo é inconsequente ou ignorante. Corajoso é quem tem medo, mas consegue enfrentá-lo e superá-lo. Também é corajoso aquele que, em certas circunstâncias, admite o medo de cabeça erguida.

Com o mar não é diferente. Ao mesmo tempo que amo o mar, sempre tive medo dele. Mas, se eu quisesse ter minhas histórias para contar, teria que enfrentar meus medos.

Desde a primeira vez que saí para pescar com meu pai, o medo me rondava, mas eu o vencia e seguia em frente. Navegava conversando por telepatia com os barcos, tentando fazer uma amizade mágica que garantisse nossa segurança. Ficar à deriva no mar era um dos meus maiores receios. Conhecia histórias de náufragos moribundos que passavam dias perdidos. Seus relatos eram apavorantes.

Sou um homem de fé. Meu medo da morte na infância me obrigou a procurar coragem, que encontrei na fé, passada para mim por minha avó paterna, Olga Portinari. Um segundo de concentração, enquanto faço o sinal da cruz. Esse é o tempo que levo para vestir minha armadura de guerreiro e me tornar corajoso como poucos. Peço proteção. Em seguida, encho a mão com água do mar e jogo no meu rosto, imitando o personagem Jacques Mayol no filme *Imensidão azul*, quando está prestes a iniciar seus mergulhos. Esse é meu ritual antes de tirar os pés de terra firme. Após esse segundo solitário, estou pronto para enfrentar os maiores perigos.

É sempre assim. Todas as vezes que saio para o mar, minhas expectativas e esperanças se renovam. Parece que estou prestes a encontrar um tesouro perdido. É na natureza que fico mais próximo da minha essência e de Deus.

VELEJADORES DE PRAIA

Em um certo verão, apareceu uma nova tribo no nosso condomínio, os windsurfistas. Chegavam com suas velas, pranchas e namoradas. Usavam a força do vento para deslizar, e disso eu entendia. No entanto, no lugar dos barcos, eram pranchas pequenas parecidas com as usadas para surfar. Todas coloridas, cada uma com um formato e com alças para prender os pés. Navegavam muito rápido sobre a água, quase na velocidade de uma lancha, ultrapassando os barcos à vela num piscar de olhos. E ainda podiam saltar muito alto sobre as ondas.

Seus praticantes eram diferentes dos velejadores que eu conhecia até então. Mais descolados, andavam de chinelos, short de surfe e sem camisa. Falavam com linguajar similar ao meu, não faziam muita cerimônia nem estavam muito preocupados com regras e normas, tão comuns nos clubes onde eu costumava correr regatas. Eram os velejadores de praia.

Eu tinha 11 anos e fui fisgado pela nova tribo. Queria fazer parte. Duas ruas atrás da nossa, um grupo desses windsurfistas alugou uma casa por todo o verão, fazendo com que rapidamente a casa virasse o *point* do condomínio.

Entre os novos vizinhos, estava o João Bailey, mais conhecido como Joãozinho, um ídolo do windsurfe nas ondas da época. Acabara de chegar do Havaí, onde fora competir no Aloha Classic, na época o mais importante campeonato de windsurfe nas ondas no mundo. Patrocinado pela marca Tico, ele vivia para velejar. Muito simpático, engraçado e falante, tinha o cacoete de balançar a cabeça para o lado e namorava uma de minhas primas, com quem eu não tinha muito contato, devido à diferença de idade.

Na casa, também estavam outras pessoas, entre elas, os irmãos Pedro e Bruno Rudge, da mesma idade que a criançada do condomínio, e logo ficamos amigos. Joãozinho era meio tio deles e ficava dando força para o Pedro, que era o mais velho, velejar. Um dia, chegou do Rio de Janeiro trazendo uma vela bem pequena, perfeita para crianças, e deu de presente para o Pedro. Incrivelmente, eu nunca tinha imaginado que seria possível existir uma vela para crianças!

Sem perder tempo, foram para praia montar o material, e eu fui junto. O Pedro foi para água aprender a velejar e eu fiquei por perto, observando e ouvindo as dicas do Joãozinho, tipo papagaio de pirata. E, claro, acabei testando meu equilíbrio também. Foi paixão à primeira vista.

Passamos o resto do verão revezando o windsurfe: um ficava na praia enquanto o outro dava um bordo — uma ida e volta.

Aprendemos rápido e começamos a ir cada vez mais longe da praia. Eu já pescava há anos naquela região, então me sentia em casa.

A sensação de liberdade no mar era incrível. Navegava mais rápido do que qualquer outro barco à vela e, como era uma prancha, não tinha mar que fosse ruim, pois não afundava, não quebrava e podia encalhar em qualquer lugar. Ia surfando mar afora sem nenhum desejo de parar.

Todos nós do condomínio ficamos fissurados em windsurfe. De minha parte, esse foi o início do que viria a ser uma grande paixão. Logo deixaria de pescar e surfar para pensar somente no windsurfe.

LINHAS IMAGINÁRIAS

• Nada de pânico. Tubarão não é comum nas praias de Búzios. Pelo menos é o que dizem pescadores e moradores do balneário, mas as dentadas cravadas na perna do windsurfista João Pedro Portinari Leão foi o assunto mais comentado ontem na cidade. Na colônia de pesca de Manguinhos, praia mais próxima do local onde ele foi atacado, os pescadores se preparam para a caça ao tubarão. Por enquanto, somente os moradores da região e os amigos de João Pedro estão assustados com a notícia do ataque.

— Já tem gente preparando o espinel e a isca feita de bonito para atrair o bicho. Ele deve estar por aqui atrás das sardinhas, comuns nessa época do ano — contou Onacyr de Moura Lima, te

Já tinha vestido a camiseta de *lycra* e o trapézio (acessório típico do esporte, que ajuda no equilíbrio do praticante). Estava na beira do mar com minha prancha ainda brilhando e com cheiro de nova. Busquei a vela e a conectei à prancha. Com a ajuda do vento, tirei meu equipamento da areia e o apontei para o mar: É sempre incrível a sensação de levitar um equipamento tão pesado com a ajuda do vento!

Olhei na direção dos meus amigos e vi que o Luiz já estava pronto para partir. Acelerei meus passos e, com a água chegando aos joelhos, larguei a prancha e deixei a vela se encher de vento. Meu windsurfe agitado ficou parecendo um cavalo bravo na largada de um grande prêmio.

Com um grito de "bora!", foi dada a largada. Já nos primeiros metros estávamos planando sobre o mar, a sensação maravilhosa da água passando rapidamente sob meus pés, ganhando velocidade como um barco a motor.

Quando eu estava à frente, ligava meu radar para rampas (ondas nesse formato), querendo saltá-las para voar o mais alto possível. É verdade que, quanto maior a altura, maior a queda, e aterrissar um windsurfe no meio do mar cheio de ondas não é fácil. Para não perder velocidade, o melhor era voltar do salto de bico, ou seja, com a frente da prancha apontando para baixo.

Vinha caindo de dois ou quatro metros de altura, preso ao windsurfe. Parecia que estava indo direto para um choque equivalente a uma batida de carro. Nossas decolagens eram lindas, mas nossos pousos muitas vezes acabavam em desastre. Algumas vezes, prancha, vela e velejador eram lançados no espaço. Olhava para baixo e via o mar muito distante. Era hora de decidir: voltar com tudo para a água ou abandonar o *wind* em pleno ar.

Cortava o mar a 40 km/h: era o início de um grande dia. Eu só pretendia sair da água ao anoitecer. Velejávamos bem próximos um do outro. As pranchas "comendo" água, planando na direção do canal entre as ilhas Rasa e Feia, bastante distante do ponto de partida. Era uma linha imaginária dos windsurfistas.

À nossa frente, mais à direita, ficava a Ilha Feia, chamada assim por ter, na parte de trás, um paredão íngreme de pedra avermelhada, com 90 metros de altura e quase nenhuma vegetação, consequência de uma batalha entre piratas, segundo as lendas locais. Apesar de dar nome à ilha, para mim aquele paredão era lindo. Quando criança, já tinha feito muita caça submarina na base dele. Nessas ocasiões, me sentia o próprio Jacques Cousteau pescando nas encostas do mar Mediterrâneo.

À esquerda, estava a Ilha Rasa. De relevo bem baixo, parecendo achatada, era o lugar das lagostas. Conhecia o fundo do mar ao redor dessas ilhas como a palma da minha mão.

Entre as ilhas, fica a Laje do Caboclo Alagado, onde a Marinha mantém uma grande boia para alertar embarcações da presença de pedras. A boia também funcionava como um ponto-final. Quando se chegava ali, a vela de três metros de altura do windsurfe não podia ser vista da praia. Os windsurfistas respeitavam esse limite. Poucos se atreviam a chegar perto, e a maioria voltava para a praia bem antes. Para mim, todo o cenário era diferente: eu já pescava depois da boia muito antes de começar a velejar.

A Laje do Caboclo Alagado era só o primeiro de muitos pontos de pesca. Conhecia histórias de pescarias nessa laje e, claro, também pescava nela. Por isso, foi natural que eu nunca tenha respeitado o limite das ilhas.

O mar é muito vasto, com poucos pontos de referência; não é como na terra, fixa e permanente. Nossa praia tem dois marcadores naturais de distância. O primeiro e mais próximo é a Ponta da Sapata. Chegar até lá era um feito por si só, fosse a remo ou à vela, e passar dessa ponta dava respeito frente aos demais, um desafio durante toda nossa infância. O segundo ponto, bem mais distante, eram as ilhas. Para os mais aventureiros, o ponto-final, hora de voltar para terra. Mas para nós, do condomínio, criados ali, a história era um pouco diferente.

O aumento da distância das velejadas veio surgindo aos poucos e virou nossa febre. Com o tempo, passamos a velejar somente depois das linhas imaginárias. A graça era ver quem ia mais longe.

Até hoje me lembro da minha primeira grande velejada. Era um dia chuvoso, com vento do quadrante sudeste de média intensidade. Saí velejando sem rumo e fui subindo na direção do centro de Búzios. Cresci ouvindo a história do João Batista, amigo dos meus pais, grande windsurfista e pescador de mergulho, famoso por velejar da Armação dos Búzios até Manguinhos. Tinha chegado minha vez de repetir seu feito. Eu estava com 14 anos. No caminho, passei por um grande barco pesqueiro que me deu a sensação de estar entrando em águas desconhecidas. Velejei até o Iate Clube, na Praia dos Ossos. Chegando lá, liguei para casa avisando onde estava e, principalmente, comemorando meu incrível feito. Fui ganhando coragem, e a distância das velejadas passou a ser meu maior diferencial.

MILHAGEM E CORAGEM NO MAR: UM RISCO

Estávamos em pleno processo de convencimento do meu amigo Luiz, vizinho de condomínio em Búzios, para velejar em mar aberto. Aprendemos a velejar de windsurfe juntos. Ele era um ano mais novo do que eu, engraçado, falante e, além de velejador, era também surfista e guitarrista. Um amigão. Vivíamos disputando quem velejava mais rápido e saltava mais alto.

Filipe e eu passávamos o dia inteiro botando pilha no coitado. Felipe também passava das linhas imaginárias, mas sempre foi o mais corajoso, já nasceu assim. Com 8 anos, fomos acampar e, na hora de dormir na barraca, todo mundo ficou com medo. Filipe foi lá e dormiu sozinho no meio do mato.

Quando chamei o Luiz para velejar naquele 20 de abril de 1997, nós dois já sabíamos que era para ir para alto-mar.

— Luiz, vamos dar um bordo?

— Vamos.

— Vamos lá para os cafundós do Judas.

Já próximos da boia, olhei para trás e percebi que o Luiz se preparava para dar um jibe, uma manobra de 180 graus a favor do vento, quando o windsurfista ou o velejador tem que guiar a prancha ou o barco até o ponto em que a vela troca de lado com um coice do vento. Ele fez de longe um sinal avisando que ia voltar para a praia. Ainda berrei tentando convencê-lo a continuar, mas no meio do mar a comunicação não é fácil. Meu amigo fez o jibe e rumou para a praia.

— Estávamos juntos, mas meu material era um pouco diferente, e o vento ficou fraco para mim. Decidi voltar. Mudei meu rumo, olhei para trás e só vi o topo do mastro do windsurfe do João já distante. Olhei mais uma vez e não o vi mais. Aí veio uma sensação de que alguma coisa podia estar acontecendo de errado. Como o sentimento era forte! Como já velejávamos há anos naquelas águas, segui em frente até a praia — relembrou Luiz Henrique.

Já eu pensei: "Qual a diferença? Se vou lá pescar, vou lá velejar também".

Nesse ponto em que estava, a água fica mais turva, devido à suspensão de areia do fundo do mar pelo vento e pela corrente, já que ali não passa dos cinco metros de profundidade. Assim que você passa totalmente a sombra da Ilha Feia, o vento ganha força e a água volta a ficar um pouco mais esverdeada. A profundidade aumenta, mas raramente passa dos 17 metros.

Poucas semanas antes do dia do ataque, o Filipe chegou na praia com uma novidade: uma garrafa de Gatorade presa a seu trapézio. Dizia que era para dar um gole lá no meio do mar. Era o incentivo que faltava. Saímos da praia com um único objetivo: ir muito longe!

Pulamos nas pranchas e atropelamos as linhas imaginárias, tendo à nossa frente, muito distantes, as montanhas de Barra de São João. Não era nosso plano inicial atravessar as linhas e ir até lá, mas foi o que acabou acontecendo.

Eu havia recém-chegado de uma viagem de um ano e meio que incluiu seis meses no Havaí. Estava com mais coragem do que nunca. Como o Filipe era corajoso de nascença, foi uma combinação perfeita. Nenhum dos dois dava o menor sinal de queria voltar e, assim, Barra de São João foi ficando cada vez mais próxima. Nunca tinha tido ouvido falar de um velejador que tivesse atravessado de Búzios até lá. Em um certo ponto, passamos a nos comunicar de longe. Bastou um berro de "vamos atravessar!" e simplesmente fomos até Barra de São João.

De Búzios, aquelas montanhas pareciam distantes anos-luz no nosso horizonte. Nunca passou pela nossa cabeça ir tão longe. Velejamos até encalhar as pranchas na areia da praia, ao lado da foz do Rio São João. A sensação de alegria nos tomou de uma forma estonteante e comemoramos como se tivéssemos descoberto um novo continente. Estávamos flutuando numa sensação mágica da conquista. Abrimos o tão esperado Gatorade e tomamos uns bons goles.

Avistamos umas pessoas jogando futebol em um terreno próximo, deixamos nossos windsurfes na areia e fomos até eles nos certificar de onde estávamos. O futebol parou.

Perguntamos que lugar era aquele, e todos ficaram curiosos para saber de onde tínhamos vindo. Olhando na direção de Búzios, que não tem montanhas, não se via nada. Búzios se tornara uma miragem escondida na maresia.

Um detalhe importante é que ainda teríamos que voltar, e nossa única referência era um pequeno ponto muito distante no horizonte: a Ilha Feia. Sair da praia para um ponto inicial de velejo não foi fácil, pois havia ondas de mais de um metro quebrando em cima da areia constantemente. Éramos jogados de volta para a praia pelas ondas e fomos ficando cansados, mas não desistimos e conseguimos voltar velejando.

Após essa travessia, o mar de Búzios virou minha piscina. Voltei ao tempo de criança, quando eu ficava tentando atravessar a piscina do sítio dos meus avós. Depois de várias tentativas, consegui finalmente atravessar de uma borda à outra e bater a mão do outro lado. Daí em diante, passei a dominar aquele pedaço de água.

Ter chegado ao outro lado derrubou todos os limites, todas as linhas e barreiras imaginárias. O mar virou minha piscina salgada. Com vento constante, segui por essa piscina adentro, cruzando a última linha entre as ilhas. Era como se ouvisse meu amigo falar “olha o que eu trouxe”, me mostrando a garrafinha de Gatorade. “Vamos beber essa garrafinha lá no meio do oceano!”

JIBE

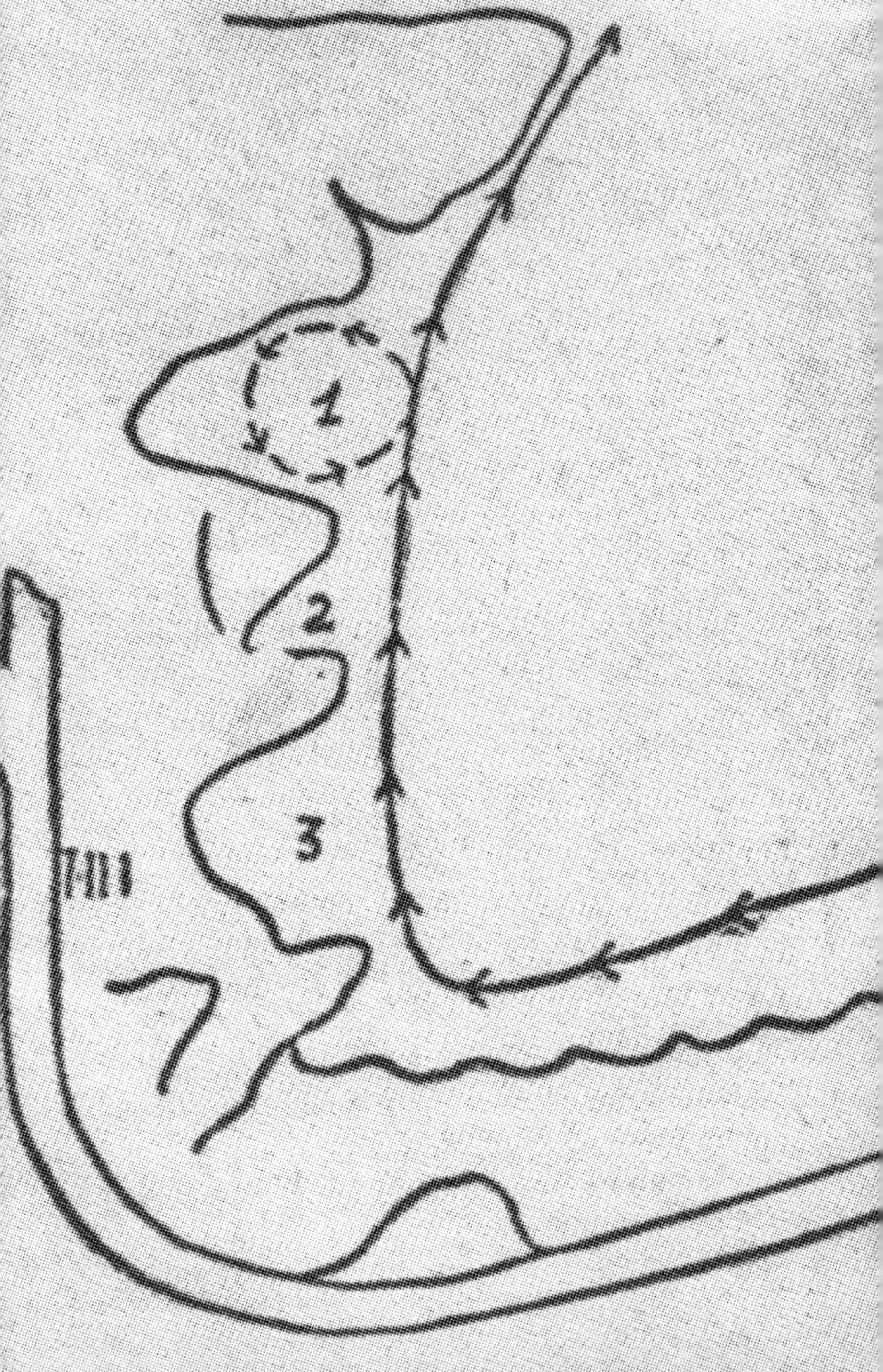
1
2
3

O fato de o vento mais comum, vindo do quadrante leste, nos soprar para terra firme era fundamental para termos tanta confiança em sair para o alto-mar. Já o sudoeste logo virou meu fantasma, sempre soprando para longe do clube ou da praia. Em Búzios, todos diziam que quem fosse pego pelo sudoeste pararia na África — ou, se tivesse sorte, em uma plataforma de petróleo na Bacia de Campos. Era assustadora a possibilidade de ficar à deriva no mar.

A primeira coisa que sempre fazia ao chegar ao Iate Clube do Rio de Janeiro era olhar a direção do vento. Se os barcos apontassem na direção da sede, significava sudoeste. Antes mesmo de entrar na água, já ficava com dor na barriga, mas controlava o medo, tentando não pensar no pior, e ia pro mar.

Entrei para a escola de vela do clube com 7 anos. Não demorou muito e eu fiquei fissurado em velejar. Com a vela, descobri a liberdade que, até então, não conhecia. Podia pegar meu barco e ir para onde quisesse. Em terra firme, não tinha nenhuma liberdade: íamos sempre de carro, de um lado para o outro, e eu nunca decidia aonde ir. Era escola-casa, casa-clube. Afinal, era uma criança e morava numa cidade com milhões de habitantes e um grande problema de segurança. No mar, não tinha limites, e meus pais não se preocupavam. Nunca me questionavam para onde eu iria, nunca me perguntavam sobre até onde tinha velejado.

Comecei a competir com 8 anos e só parei aos 14 anos, idade limite para o Optimist. Fui o único veterano mirim de toda a flotilha do Rio de Janeiro e sempre tirava o primeiro lugar na categoria.

Tinha 9 anos quando enfrentei a primeira tempestade sozinho em um barco. A ocasião ficou famosa, pelo menos entre todos os participantes da competição que ficou conhecida como “a regata dos 50 nós”. O apelido foi uma referência à força do vento sudoeste naquele dia.

Saí velejando do Iate Clube do Rio de Janeiro rumo à raia da Escola Naval, bem em frente ao Aeroporto Santos Dumont, na Baía da Guanabara. O dia era de céu azul e sol com um vento sudoeste moderado, o que confirmava a informação de que uma frente fria estava se aproximando da cidade, deixando tensa a atmosfera da flotilha. Alguns velejadores mais prudentes nem tiraram seus barcos do seco.

Meu pai me acompanhou com a lancha até o local da regata e depois seguiu para pescar com meu avô. No caminho, o vento começou a ficar mais forte, e me lembro de pedir para verificarem a velocidade do meu barco enquanto me acompanhavam na lancha, sabendo que estava bem acima do normal já àquela altura. O vento só aumentava, ficando cada vez mais difícil controlar o barco.

Foi dado o apito de dez minutos para a largada; vários barcos correndo de um lado para o outro entre duas boias. O mar mudou, com as ondas crescendo rapidamente, logo, estava todo encarneirado, com espuma por toda parte. Eu desviava das ondas maiores para não inundar meu barco, alguns velejadores foram desistindo de largar, tentando apenas sobreviver. Voltar para o clube era praticamente impossível, uma vez que o vento vinha contra a proa, de frente para o barco. Outras possibilidades seriam simplesmente deixar o vento nos levar até Niterói, do outro lado da baía, ou arrumar socorro com algum barco maior, de preferência a motor.

A essa altura, eu já estava no modo sobrevivência. Não lembro nem de ter ouvido o tiro da largada. Fiquei apenas controlando meu barco para não virar, vendo outros barcos na mesma situação ou pior, já virados, muitos sendo socorridos. No meu caso, estava relativamente bem, navegava de um lado para o outro com certo controle e, mais importante, não virava. Mesmo assim, procurava incessantemente um barco para pedir ajuda e ser rebocado de volta ao clube.

De repente, avistei a lancha de meu pai, que, ao ser varrido pelo vento nas ilhas, voltou da pescaria imaginando o que poderia estar acontecendo ali. Ele já tinha alguns barcos amarrados à sua lancha. "Ótimo!", pensei. "É para lá que eu vou!"

Só tinha um pequeno problema: para eu chegar até a lancha, eu teria que fazer um jibe, e essa é uma manobra muito arriscada para qualquer barco à vela, ainda mais naquelas condições de ventania, o que poderia resultar numa capotada do barco de forma muito violenta. Fiquei algum tempo pensando e tomando uma coragem que não veio. Então decidi virar meu barco intencionalmente, "sob controle", na esperança de alguém vir me ajudar. Àquela altura, estava muito cansado e assustado com toda a situação em que me encontrava.

O barco logo emborcou. Parecia que eu estava em cima de uma pequena baleia branca, com ondas passando por cima, ora fora da água ora quase todo submerso com o leme e a bolina apontados para cima, lembrando barbatanas nas quais eu me segurava à procura de socorro, que não vinha. Com as pedras da cabeceira do aeroporto cada vez mais próximas, não demoraria muito para eu quebrar pela primeira vez uma das regras mais importantes do mar: **nunca abandone seu barco!**

Dito e feito. Saí nadando em direção a uma pequena traineira de pescadores que navegava lentamente contra todo aquele vento. Para mim, era uma questão de vida ou morte e, óbvio, eu não queria morrer. Tinha certeza de que iria conseguir nadar até a traineira.

Os pescadores me avistaram nadando e encurtaram meu esforço mudando o rumo do barco em minha direção. Um deles agarrou meu colete salva-vidas e me puxou para bordo. Pedi que me levassem até a lancha do meu pai. Entrei na lancha e apontei na direção do aeroporto. Eu já estava bem, mas meu barco estava a caminho das pedras. Meu pai me levou até ele — voltei a pular na água, nadei até alcançá-lo e o desvirei. Com um cabo preso à lancha, fui finalmente rebocado de volta para o clube. Tudo isso para evitar um jibe! Sim, um jibe!

A manobra é feita sob muita pressão e velocidade. Qualquer descuido em um vento forte pode ser perigoso: um jibe mal dado no meio das ondas nessas condições pode, além de capotar o barco violentamente, quebrá-lo. Pode-se dizer que a manobra é um fantasma na vida de muitos velejadores. Por isso, um jibe bem-sucedido em meio a ventos fortes é sempre motivo de comemoração a bordo.

AMOR FORÇADO

Desde criança, era levado pelo meu pai ou o seguia em suas pescarias. Era tão novo que nem me lembro de um dia terem me perguntado se eu queria ou não sair para pescar. Minhas primeiras memórias da infância são em cima de um barco navegando.

Saía para pescar todos os fins de semana, e as Ilhas Cagarras eram um dos locais favoritos do meu pai. Aos 7 anos, eu já conhecia as ilhas, seus locais de pesca, sabia identificar os peixes e já me considerava um verdadeiro pescador. Controlava meu medo e não perdia uma chance de sair para o mar. Mas a travessia de barco até lá sempre foi impressionante e amedrontadora, com vagas de mar e correnteza. Não me importava: o que eu gostava era de navegar sem compromisso, indo sempre mais longe à procura de novos lugares e novos limites. Guruga, meu professor de vela, sempre dizia "esse garoto só quer saber de sair velejando sem rumo, de tirar uma linha reta e ir embora".

Comecei a nadar muito novo e sempre fui obrigado pelos meus pais a fazer isso. Com chuva ou sol, rindo ou chorando, eu e meu irmão tivemos que nadar ininterruptamente dos 2 aos 16 anos. Na minha casa, natação era tão importante quanto escola, talvez até com um pouco mais de exigência. Ao menos, não me lembro de algum dia ter ido estudar chorando. No caso da natação, eu lembro bem. Prova de que um amor pode ser forçado, já que hoje nadar é uma de minhas paixões.

Hoje, a natação é tudo para mim: religião, meditação, respiração, exercício e felicidade. Saio da piscina leve e com a bateria recarregada, tão de bem com a vida que, quando estou ficando chato, minha mulher me manda nadar.

O feito do qual mais me orgulho na minha carreira de nadador foi ter atravessado das Ilhas Cagarras até a Praia de Ipanema — 4,8 mil metros percorridos em uma hora e dez minutos. Mais do que a distância, o mais importante foi ter conseguido atravessar um pedaço de oceano tão temido na minha infância.

A MAIOR LIÇÃO DE UM MARINHEIRO

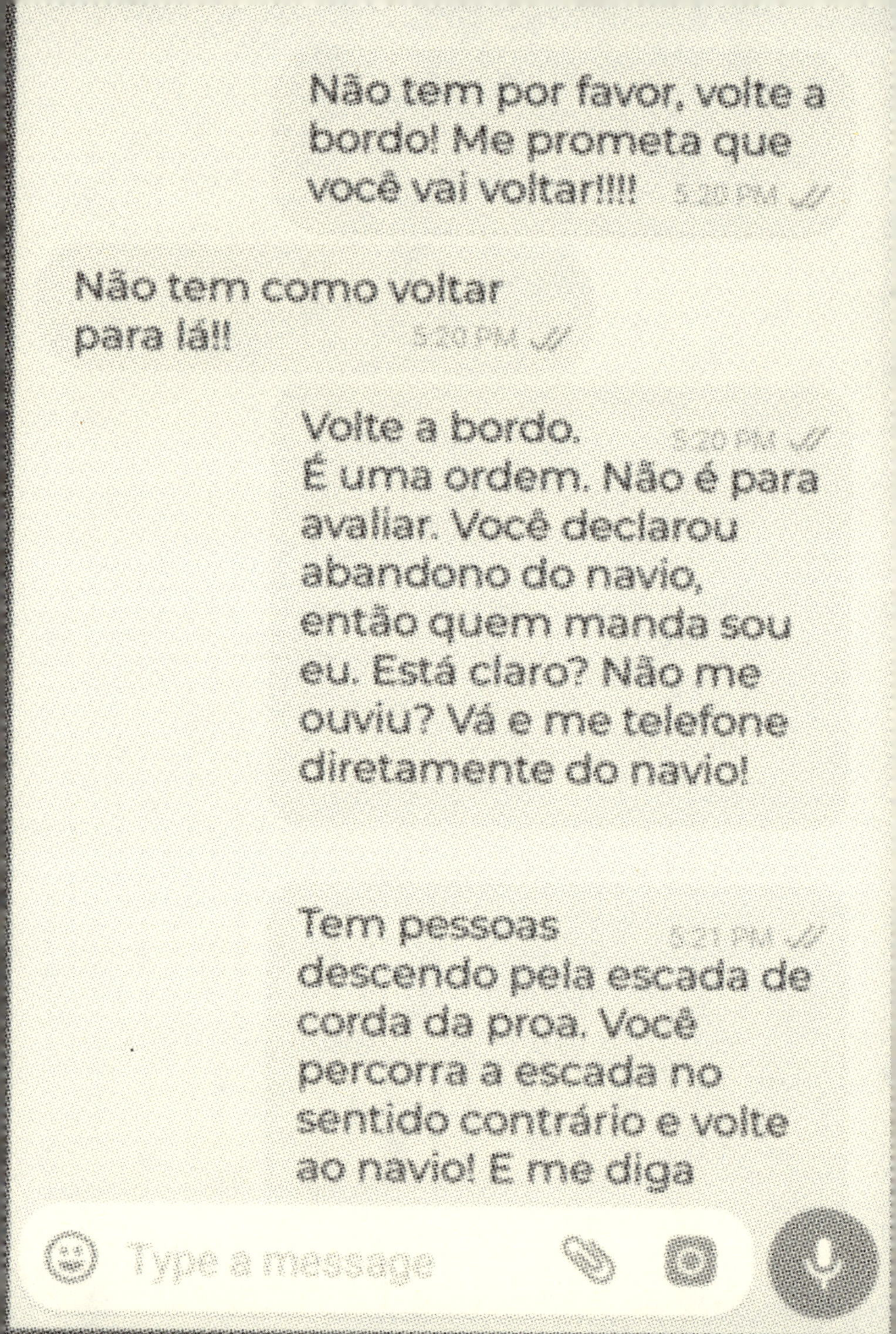
Não tem por favor, volte a bordo! Me prometa que você vai voltar!!!! 5:20 PM
Não tem como voltar para lá!! 5:20 PM
Volte a bordo. 5:20 PM
É uma ordem. Não é para avaliar. Você declarou abandono do navio, então quem manda sou eu. Está claro? Não me ouviu? Vá e me telefone diretamente do navio!
Tem pessoas 5:21 PM
descendo pela escada de corda da proa. Você percorra a escada no sentido contrário e volte ao navio! E me diga
Type a message

Aquela tinha sido minha primeira tempestade e também a primeira vez que abandonei um barco a nado. Mas não seria a última.

Um ano após "a regata dos 50 nós", já com uns 11 anos, saí para velejar de Laser em Búzios, com meu primo e minha tia. Mais uma vez, ventava um sudoeste falhado, com rajadas muito fortes que acabavam de repente. Numa dessas, para evitar que o barco virasse por cima de todos nós, me joguei no mar e gritei para meu primo assumir o comando do barco. Não deu tempo, e o barco acabou virando. A bolina, peça que ajuda a desvirar o barco e a deixá-lo estável quando navega, caiu, e ele começou a emborcar. Para piorar, o vento ganhava força, nos levando cada vez para mais longe da praia — nesse caso, o destino seria ficar à deriva rumo à África!

Se já não bastassem todos os erros cometidos até então, eu ainda decidi que iríamos abandonar o barco e nadar até a praia. Como estava no comando, dei a ordem e fomos todos nadando em direção a terra firme.

As distâncias no mar enganam, e a praia não chegava nunca. Se no barco estava ruim, agora estava muito pior! Minha tia começou a se cansar, olhou para seu filho e para mim e disse que não aguentava mais, que era para continuarmos e deixá-la para trás. Caramba! Abandonar minha tia não parecia certo de nenhuma maneira, mas foi o que fizemos. Chegamos até a praia esbaforidos e avistamos um *jet ski*. Corremos para pedir ajuda e, rapidamente, o condutor foi socorrê-la. Felizmente, tudo acabou bem.

Só que essa aventura não terminaria aí. Ainda no mesmo dia à tarde, contamos o ocorrido para meu pai, que, obviamente, não achou a menor graça. Em seguida, pediu para que contássemos o que havia acontecido a um amigo dele, que estava almoçando conosco. Esse amigo era simplesmente Lars Grael, medalhista olímpico e um dos maiores velejadores do mundo.

O Lars nos passou o maior sermão, enumerando todos os nossos erros, que não foram poucos. Explicou minuciosamente como se deve agir no mar. Prestei tanta atenção a cada palavra que nunca mais esqueci:

— Se você sair para o mar e não voltar, as pessoas vão sentir sua falta e sair para lhe procurar. As primeiras perguntas vão ser: como foi pro mar e em qual barco? A partir daí, irão procurar seu barco, e não você, já que uma pessoa dentro d'água é praticamente impossível de ser vista.

Entendi suas palavras e aprendi a nunca mais abandonar um barco.

BRINCANDO DE ISCA

Como nossos bordos de windsurfe eram sempre muito longos, quase não fazíamos o jibe na praia — normalmente quem estivesse na frente esperava dentro d'água, onde ainda dava pé, os outros chegarem para partir junto. Era também uma boa hora para um comentar os saltos e as manobras dos outros. Fazíamos o jibe nas ocasiões de bordos mais curtos, com uma distância comum para todos. Só que havia muito tempo que nenhum de nós estava velejando dentro do comum, já que o nosso comum, naquele momento, passara a ser depois das ilhas. E lá fora ninguém queria arriscar muito, não por medo de tubarão, mas, sim, de quebrar o material longe da terra e ficar à deriva.

Na maioria das vezes, eu preferia me jogar na água antes de virar e voltar, uma maneira de diminuir o risco de errar o jibe. Lembro-me de algumas vezes ter largado meu material no meio do oceano e nadado alguns metros para longe do equipamento, totalmente na inocência, acreditando que ali não tinha tubarão ou, se tivesse, que jamais nos atacaria.

O DESTINO BATE À MINHA PORTA

Antes de sair para velejar, eu tinha um plano para aquele dia: dar só um bordo muito longo, para muito distante da praia, depois passar o dia velejando mais perto, arriscando umas manobras.

A boia do Caboclo Alagado, aquele ponto-final, já tinha ficado bem para trás, e eu continuava me afastando de Búzios. As montanhas distantes, ao norte do Estado, iam crescendo à minha frente. Continuava planando por cima da água, seguindo os arrepios de vento na superfície do mar, e conectava uma rajada à outra para manter a velocidade da velejada. Meu equipamento estava perfeito para aquelas condições. Eu quase não fazia força, apenas me equilibrava.

Velejava há 35 minutos em uma linha reta, me afastando da costa, o que me colocava a aproximadamente 25 quilômetros (em um ângulo de 60º em relação à praia) de onde eu tinha saído, na Praia de Manguinhos. A terra mais próxima nesse momento era a Praia de Unamar, a uns 15 quilômetros à esquerda. Era para lá que o vento me levaria caso alguma parte do meu equipamento quebrasse. Essa possibilidade não era tão ruim. Ficaria sentado na prancha boiando até chegar à praia.

Minutos antes do ataque, eu velejava paralelamente à foz do Rio Una, distante uns 15 quilômetros, rumo à foz de outro rio, o São João. Essa mistura de água doce e salgada atrai muita vida marinha, o que inclui muito tubarão. Todo o norte fluminense é famoso por seus cações, ainda que sempre longe da praia, e Búzios não foge à regra.

Hoje em dia, costumo pescar por toda essa área. São impressionantes a quantidade e a diversidade de vida marinha dessa região, que considero meu pequeno Havaí da caça submarina, devido à adrenalina que sinto ali. Baleias, golfinhos, arraias-jamanta, peixes-lua e até um tubarão-baleia já vi nesse pedaço de mar que um dia chamei de meu.

Já estava muito distante de terra quando resolvi voltar. Era hora de ficar com os amigos perto da praia. “Será que arrisco o jibe?”, pensei. Em 80% das vezes eu optava por entrar na água, ainda mais com a prancha nova com a qual ainda não estava acostumado.

Mas esse era meu dia de sorte. Resolvi arriscar o jibe, me concentrei e, com um leve puxão nos braços, desengatei o trapézio que prendia a vela à minha cintura, inverti a pegada da mão da frente e mirei uma onda. Tirei um pé da alça e pressionei o lado de dentro da prancha, que começou a arribar no sentido do vento, ganhando, assim, ainda mais velocidade e iniciando uma virada circular de 180 graus. Deixei o corpo leve e fui acompanhando o movimento. No momento certo, abri a mão que estava atrás da vela, deixando que esta rodasse enquanto eu trocava de lado na prancha, invertendo a posição dos meus pés. Completei a manobra.

Estava de pé na prancha, com a vela na mão apontando para a terra, mas fiquei sem velocidade e minha prancha começou a afundar. Eu acabara de ficar num buraco de vento — a mesma onda que me empurrou para completar a manobra criou uma parede, bloqueando o vento na sequência.

Eu tinha duas opções: inclinar a vela para frente e ganhar pressão, correndo o risco de ser catapultado, com uma bela chance de me machucar ou quebrar meu windsurfe; ou entrar na água levando a vela junto comigo, confortavelmente, sem nenhum risco.

A segunda opção seria, certamente, a maneira mais tranquila de sair daquela situação. Entraria na água tirando meu peso da prancha, que voltaria a boiar. Era só a ação de entrar na água por frações de segundos para aliviar o peso da prancha e deixar o vento me puxar de volta para cima. Quando estivesse no topo da próxima onda, já estaria velejando de novo. Decisão tomada, estiquei o braço de trás para liberar o vento, tirei o pé da prancha e entrei na água.

Esperar o momento certo para o ataque é fundamental. Entrando na água, criei esse momento.

Imediatamente, senti uma batida na minha perna. “Caramba! Bati em alguma coisa!”. Em seguida, um puxão tão violento quanto inesperado me levou para debaixo d’água. Não tive dúvida!

TUBARÃO!
MORRI...

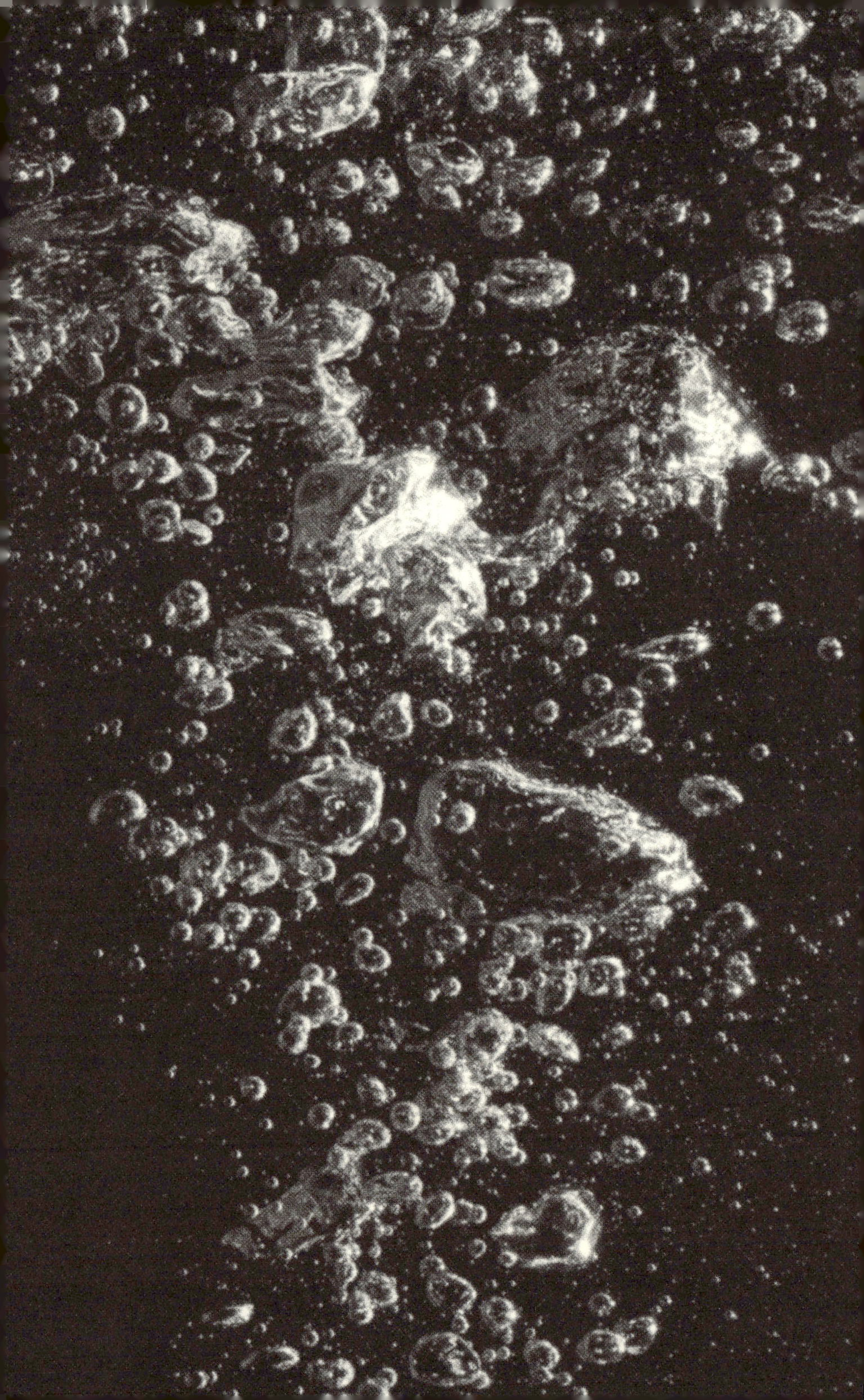

Não fiquei assustado ou desesperado. Foi matemático, como um mais um é igual a dois. Tive certeza de que iria morrer. Seria rápido e sem sofrimento.

O tubarão veio de baixo para cima, do fundo do oceano, e abocanhou minha perna, segurando-a com seus dentes e rasgando minha pele. Em seguida, deu um golpe de corpo, mudando sua direção em 180 graus, numa espécie de "jibe submerso". Vi um pedaço do seu dorso passando na velocidade de uma bala bem na minha frente. Em seguida, sua nadadeira, saindo da água, bateu na minha vela que, ainda nas palmas das minhas mãos, caía sobre nós. Pude ouvir o estrondo da batida — levado pelo tubarão, parti para o que acreditei ser meu último mergulho.

Assim é o ataque clássico do tubarão-branco: vem por baixo, não paralelamente à superfície, como no cinema.

A direção do ataque tem diferentes motivos, sendo o principal deles nosso ponto cego. Conseguimos olhar toda a superfície do mar à nossa volta, menos o ponto onde o sol se reflete na água. Nesse local, enxergamos apenas uma bola prateada que ofusca o olhar. É daí que o tubarão virá, tenha certeza disso.

O tubarão sabe exatamente onde fica seu ponto cego. O tubarão sabe exatamente para que serve seu olho. O tubarão sabe exatamente a importância do olho. O tubarão vai sempre atacar de surpresa pelas suas costas. Se você viu o tubarão, é sinal de que ele já não quer lhe atacar. Ao menos em 90% dos casos, mas toda regra tem sua exceção.

O tubarão que me atacou estava me seguindo e sabia exatamente o que estava fazendo. A ação dele foi perfeita. Enquanto eu fazia toda a manobra, tinha um bicho de quase quatro metros me seguindo, muito próximo, chegando sem ser percebido. Tum! Cravou seus dentes na minha perna e foi me puxando para o fundo.

Não cheguei a ver a barriga branca nem o focinho longo, ladeado por grandes olhos pretos sem expressão, nem mesmo a boca semiaberta mostrando os dentes grandes e triangulares. Fomos para debaixo d'água juntos, até que ele me soltou. Foi muito rápido, apareceu e sumiu como um raio. Pá-pum!

Minha vela bateu em sua cauda, e isso deve tê-lo assustado. "Opa! Tocou em mim? O que será que tocou em mim?" Aquilo poderia agarrar em sua cauda ou mesmo feri-lo. Esse é o raciocínio de um caçador. Você não pode se ferir ou até mesmo morrer tentando capturar sua presa.

Minha prática de caça submarina, desde menino, me permite fazer um paralelo sobre o que é caçar. Você pode ser um leão ou um tubarão — caçar é vencer a caça, sair vitorioso, para depois se alimentar.

Foram de 15 a 30 segundos dentro da água, no máximo.

O tubarão me soltou assim que tocou a vela. Então, pensei: "Não tem mais nada me puxando! Minha chance!" Estava debaixo d'água e continuava segurando a retranca e a vela, que vieram junto comigo até bater na superfície do mar. Com um tranco, descolei a vela da água, que, impulsionada pelo vento, me puxou de volta à superfície. Estava na mesma posição daquele segundo antes de o tubarão me atacar. Olhei à minha volta e vi o mar mudar de cor rapidamente. Uma poça vermelha do meu sangue tomou conta da superfície da água. Olhando em direção a terra firme, vi em primeiro plano minha prancha, com seu amarelo marcante, e em segundo plano o continente, muito distante. Minha espinha congelou. Sabia que, se não conseguisse velejar, morreria ali no meio do mar, sozinho. Seria uma morte angustiante. Podia sentir que o tubarão ainda estava por perto me observando e que, se não conseguisse velejar, aquele seria meu fim! Para ele, a caçada tinha sido um sucesso até aquele momento. Sua presa estava ferida mortalmente, e ele não tinha sofrido nenhum tipo de contra-ataque. Agora, era uma questão de tempo até eu morrer e ele poder se alimentar calmamente. Imaginei morrer no meio do mar agonizando sozinho igual aos náufragos das histórias da minha infância que eu tanto temia!

"Não, assim não! Não! Não posso morrer assim! Assim não! Não! Não posso morrer aqui!", era tudo o que passava pela minha cabeça. Com o medo se transformando em desespero, intoxicado pela adrenalina que passou a correr em minhas veias, coloquei meu pé de volta na prancha, enchi a vela de vento e fui puxado para cima e para fora da minha poça de sangue.

Não era a primeira vez que me via imerso numa "poça de sangue". Anos antes, ainda na época da escola, saí para pescar com meu pai e um amigo. Fui o primeiro a entrar na água e comecei a bater os pés lentamente na direção do costão da ilha enquanto me entendia com a arma que tinha acabado de pegar emprestada. Estava concentrado apenas no equipamento e, sem que percebesse, nadei diretamente para uma aglomeração de microalgas vermelhas, muito conhecida por maré vermelha. Bastou eu tirar meu foco da arma para perceber a cor que me circundava, e imediatamente meu coração disparou:

— Tubarão! — gritei.

Larguei a arma e, mais uma vez confiando na minha natação, voltei como um torpedo para a lancha. Ao ouvirem "tubarão!", todos se viraram a tempo de me ver nadando a toda velocidade e escalando o barco com pé de pato e tudo. Caíram na gargalhada, mas até que fiquei feliz por ter feito uma graça — bem melhor do que ser atacado por um tubarão.

TRADIÇÃO FAMILIAR

1. Manoel Leão
2. Antar Padilha

1. 2.

A verdade é que venho de uma família de grandes pescadores, e o tubarão estava no topo da nossa lista de espécies desejadas. Mesmo depois de o meu pai, José Leão, e o meu avô materno, Antar Padilha, terem sido atacados por um tubarão-mako em Arraial do Cabo, acreditávamos que nós é que queríamos caçá-los, não o inverso.

A história dá conta de que meu avô atirou com um arpão em um peixe enquanto praticava pesca submarina na Laje do Focinho e, em seguida, mandou meu pai verificar se o tiro havia acertado o alvo. Ele tinha essa tacada clássica com seus pretendentes a genro:

— Vai lá e confere.

Para meu pai, era tudo ou nada. Com seu futuro sogro falando "olha aí, se perder o peixe, perde a namorada", lá se foi ele atrás do peixe e — pá! — deu o segundo tiro.

Enquanto observava tudo da superfície, meu avô sentiu um puxão, olhou para trás e viu seu pé de pato afundando vagarosamente. "Ué!? O que houve?", pensou. De repente, um tubarão enorme passou entre os dois. No fundo do mar, de costas para meu avô, meu pai não viu nada. Quando voltou à superfície, ouviu os berros:

— Tubarão, tubarão! Sobe no barco!

Chamaram pela lancha, mas um problema no carburador impedia o motor de funcionar. A bordo, minha mãe assistia de camarote à aproximação do enorme tubarão. Por sorte, o bicho abocanhou o peixe duplamente arpoado, e a lancha voltou a funcionar. Com os dois já dentro do barco, o tubarão não desistiu.

— Meu filho, ele veio para cima da lancha como um torpedo, com o peixe na boca e os arpões apontando para frente! — conta meu pai até hoje.

Sem perder tempo, pegaram uma arma e — tum! — deram um tiro de arpão na cabeça do tubarão. Conseguiram segurar os arpões presos ao peixe abocanhado pela fera, que, com a luta, acabaram se soltando. Apesar de já estar ferido com um tiro, o bichão mergulhou, largou o peixe e atacou a lancha novamente, levando mais uma arpoada, o que permitiu que eles conseguissem segurá-lo pelos arpões e apoiar apenas sua cabeça em cima da borda da lancha.

Então deram alguns golpes com uma marreta de borracha na cabeça e no focinho do tubarão e acreditavam tê-lo matado. O bicho era tão grande que não cabia na lancha; então o amarraram pela cauda para rebocá-lo e saíram com o motor em marcha lenta para dentro de Arraial do Cabo. Conseguiram. Estavam com seu troféu!

Após 40 minutos sendo rebocado com dois arpões na cabeça, o tubarão fez um único movimento brusco com a cauda que arrancou os cunhos da lancha nos quais ele estava amarrado. O bicho afundou lentamente até sumir nas profundezas do mar. Eles contam que nada puderam fazer além de assistir ao troféu indo embora, e meu avô nunca conseguiu pescar seu tão desejado tubarão.

— O Antar não podia ver um tubarão que pulava na água. Tinha fissura em matar um. Ele era casca-grossa, não tinha medo de nada — conta meu pai.

Meu avô sempre dizia que o único peixe que ele não tinha matado tinha sido um tubarão.

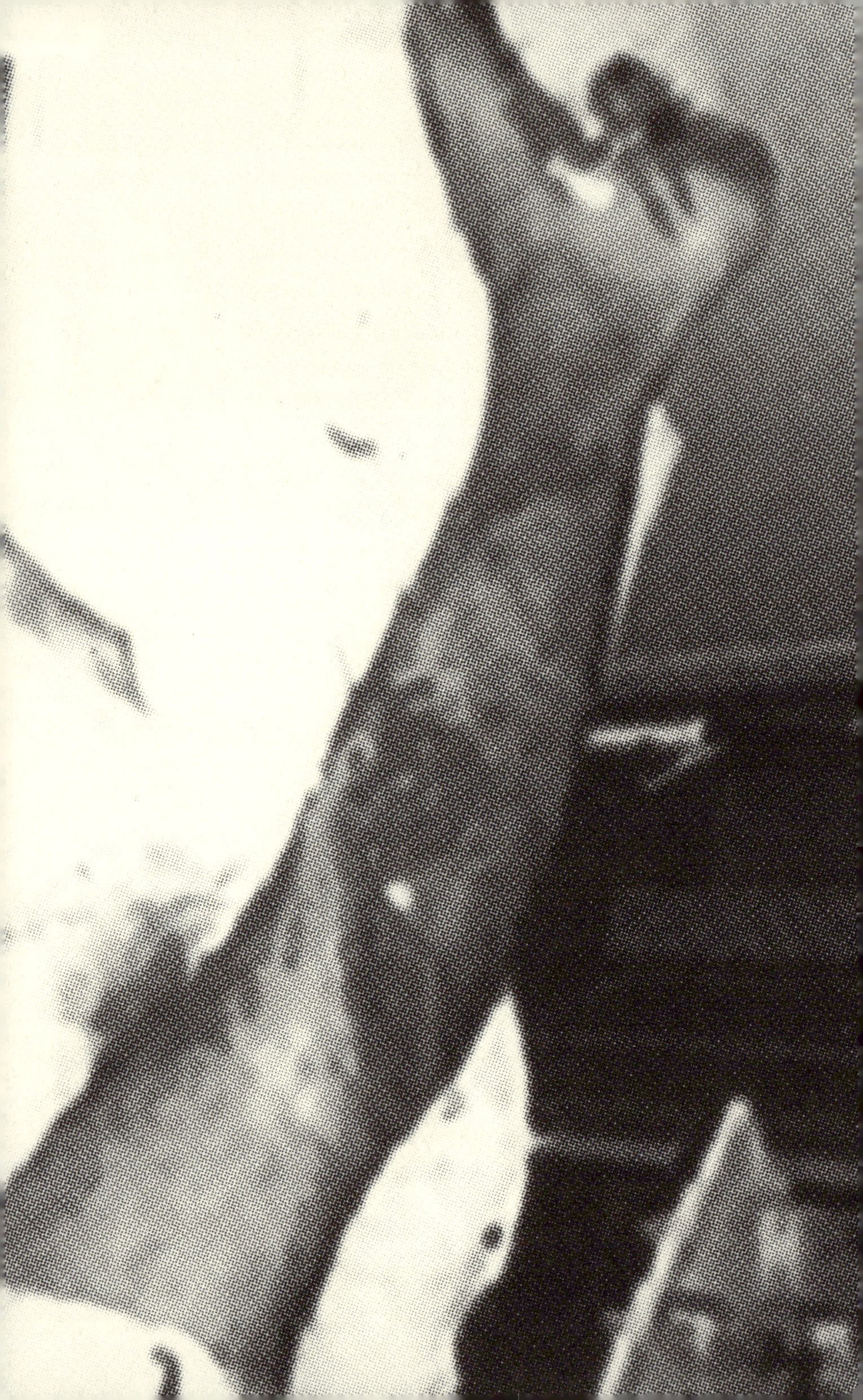

O MAIOR DESAFIO DA MINHA VIDA

"Já sei! Estou sonhando, estou sonhando!" Foi esse meu primeiro sentimento assim que comecei a velejar de volta à vida. "Para me salvar, tenho que acordar!", concluí. Tentei algumas vezes abrir meus olhos já abertos. Fazia força esticando os músculos do rosto, sem sucesso. Não acordaria daquele pesadelo — já estava acordado e tinha acabado de ser atacado por um tubarão a milhas de distância da praia. Todas as minhas teorias e crenças de que tubarões não atacavam o ser humano acabavam de ir por água abaixo, literalmente.

Estava sozinho sobre uma prancha de dois metros e meio de comprimento, velejando. "Sim, velejando! Eu ia conseguir!! Minha hora não tinha chegado!" Se eu estava velejando, não iria morrer!!! Naquele instante, uma sensação de alívio tomou conta de todo o meu coração. Era como se meu corpo estivesse ferido, mas minha alma restasse inteira. Depois de sentir a morte e a vida, veio um sentimento de orgulho: “Caramba! Um tubarão! Sim, um tubarão me atacou, isso mesmo, um tubarão! Ele me escolheu! A mim, em todo o mar do mundo!”.

Não tinha dúvida alguma de que um tubarão acabara de me atacar. Claro que não sabia o tamanho ou a espécie, mas eu tive certeza de que era um tubarão. Percebi do que se tratava assim que fui puxado para debaixo d’água.

Mirei em direção a terra firme e acelerei minha prancha. Nenhum peixe poderia me alcançar. “Vim ser atacado por um tubarão logo no quintal de casa!”

BILHETE PREMIADO

A probabilidade é menor do que acertar na loteria, mas aconteceu. O tubarão havia mordido minha perna esquerda logo abaixo do joelho, e eu podia ver, através dos cortes, de cerca de 10 centímetros cada, alguma coisa branca — eram os ossos e as cartilagens. Olhando a parte de trás, via a batata da minha perna em um estado bem ruim, com um corte enorme, bem profundo, e um pedaço grande de carne roxa pendurado. Aparentemente 90% da musculatura da panturrilha estava cortada e pendurada, parecendo que eu tinha levado várias facadas. Não dava para acreditar no estrago que o tubarão tinha feito nos poucos segundos que ficou com os dentes cravados na minha perna.

Apesar de tantos ferimentos, incrivelmente não sentia dor nenhuma. Aquela perna não parecia ser minha. “Quando cheguei ao hospital e vi a mordida, parecia que a perna do João tinha explodido", relembrou meu amigo Joaquim Mello.

Estava perdendo muito sangue e sabia que tinha que sair do mar o mais rápido possível. Comecei a traçar um plano para me salvar; cair na água estava completamente fora de cogitação. Minha prancha era meu navio, que não iria nunca abandonar. Só pretendia sair de cima dela em terra firme.

A praia mais próxima do local do ataque era a Praia de Unamar, mas velejar até lá seria impossível, já que o vento estava vindo por trás — vento de popa — e seria uma velejada muito instável, muito arriscada. Além disso, a praia estaria completamente deserta. Seria praticamente impossível encontrar alguma ajuda.

Tudo o que eu queria era sair o mais rápido possível do mar. Entre mim e a terra firme, ainda restavam as duas ilhas. A Ilha Rasa, bem no meu rumo, tinha um grande hotel. Certamente seria visto e conseguiria ajuda, mas, para evitar a sombra que a ilha faz no vento, teria que chegar pelo lado de fora, onde não há praia. O jeito seria subir nas pedras com a prancha.

Decidido: "Hotel Nas Rocas! É pra lá que eu vou". Conhecia bem o local. Eu, meu irmão e nossos amigos adorávamos invadir aquele hotel. Conhecia os caminhos entre os bangalôs como a palma da minha mão. "Quando chegar na ilha, subo numa pedra, algum hóspede vai me ver e vir me ajudar." Segui firme no rumo.

Velejava com meu peso apoiado contra a vela, graças à força do vento. Ao me aproximar da ilha, o vento enfraqueceu, minha prancha desacelerou e começou a afundar. Corria o grande risco de a minha prancha afundar completamente antes que eu chegasse à ilha. Imediatamente pensei: "Com vento fraco, não vou conseguir velejar. Tenho que ir para onde tem vento".

Existem duas maneiras de velejar. Uma é com vento forte: você só precisa se pendurar no trapézio preso à vela e guiar sua prancha com leves movimentos dos pés. É assim que eu gosto. O windsurfe vira minha *motocross* do oceano. A outra maneira é com vento fraco: você tem que fazer muita força, exatamente aquilo de que não dispunha naquele momento. Para complicar mais ainda, estava em uma prancha de onda de pouco volume. Ela afundava à medida que perdia velocidade, porque era feita para ventos fortes.

Olhei para o leste à procura de rajadas. Percebi que, para permanecer com velocidade suficiente, teria que contornar a ilha. Nesse momento, desisti completamente do hotel, o que acabou poupando os hóspedes da minha cena de terror.

Tomei o rumo da boia, minha velha conhecida de pescarias. Podia vê-la do segundo andar da minha casa, um minúsculo ponto preto no horizonte, o lugar das histórias, das minhas primeiras pescarias com meu pai e meu tio Mirabeau — cujo apelido, Miraboa, revelava o talento dele para a pesca. Pela primeira vez, a boia significava salvação para mim. Ao passar por ela, entraria na área onde todo mundo velejava, aumentando muito minhas chances de ser visto e salvo.

Ao me aproximar, uma esperança: um grupo de windsurfistas vindo na minha direção. Tínhamos o mesmo objetivo, mas vínhamos em sentidos opostos. Eles chegaram antes à boia e começaram a contorná-la. Menos de 200 metros nos separavam. Percebendo que não iria conseguir alcançá-los, comecei a berrar a plenos pulmões:

— Socorro! Socorro! Tubarão!

Ninguém ouviu? Ninguém voltou! Naquela hora, na esperança, berrei como pude várias vezes, mas todos partiram na minha frente rumo à praia.

Muitas vezes depois me questionei se teria sido bom ou ruim receber alguma ajuda naquele momento. Como eles poderiam ter me ajudado? Quem sabe poderiam até ter me atrapalhado. O windsurfe não foi feito para socorrer nem mesmo para velejar com mais de uma pessoa.

De onde estava, minha vela já poderia ser vista de terra, o que não mudava nada, já que ninguém jamais poderia imaginar o que estava acontecendo comigo. Não deixei a frustração vencer minha esperança.

Continuei no meu rumo, passando ao lado da boia. Tinha conseguido chegar na Baía Formosa. À minha frente, as praias de Manguinhos e Rasa inteiras para eu chegar. Com a Praia Rasa mais próxima, não tive dúvidas e comecei a arribar em sua direção. Precisava sair do mar. Tinha a impressão de que, se caísse, não teria forças para sair da água.

Tracei um plano: velejar até encalhar na areia, como faziam os antigos capitães quando seus navios estavam mortalmente avariados. Depois, sairia andando o mais rápido possível à procura de socorro. Sabia que, mesmo em terra firme, corria o risco de morrer por hemorragia. Queria conseguir ajuda para chegar à casa do meu amigo que tinha um avião e ir voando consertar minha perna no Rio de Janeiro. Olhando para meus ferimentos, fiquei imaginando que, em Búzios, não conseguiriam consertá-los. Essa era a frase que me vinha: consertar minha perna. Não ficava desesperado nem passava mal ao ver todo o estrago feito pelo tubarão, mesmo vendo o sangue escorrer o tempo todo sobre o amarelo da minha prancha.

Ao me aproximar da praia, consegui identificar algumas casas, entre elas a da família Tedesco, que sempre estava em Búzios. Se conseguisse chegar até lá, tinha certeza de que poderiam me ajudar. Acelerei naquela direção, mas, a poucos metros de terra firme, dei uma última olhada para trás e vi uma série de ondas vindo. "Não quero cair na arrebentação, não posso cair na água." A essa altura, já estava me sentindo muito fraco. Então, preferi não arriscar e mudei meu rumo. Velejei um pouco paralelo à praia, esperando o momento certo para alcançar a areia. Com isso, passei da casa dos Tedesco e da primeira possibilidade de ajuda imediata na minha chegada.

A Praia Rasa só não estava deserta devido à presença de um casal que avistei através da janela da minha vela, uma parte transparente que os materiais da época tinham. Eles poderiam me salvar! Estavam encostados em um carro, uma Parati azul-escura estacionada em um terreno acima da linha da areia, e pareciam observar o mar.

Desse momento em diante, viraram meu alvo. Meu objetivo. Assim como o tubarão, eu tracei um plano de ataque, só que, em vez de mordê-los, iria pedir ajuda. De uma forma ou de outra, nós dois estávamos na luta pela sobrevivência.

TERRA FIRME!

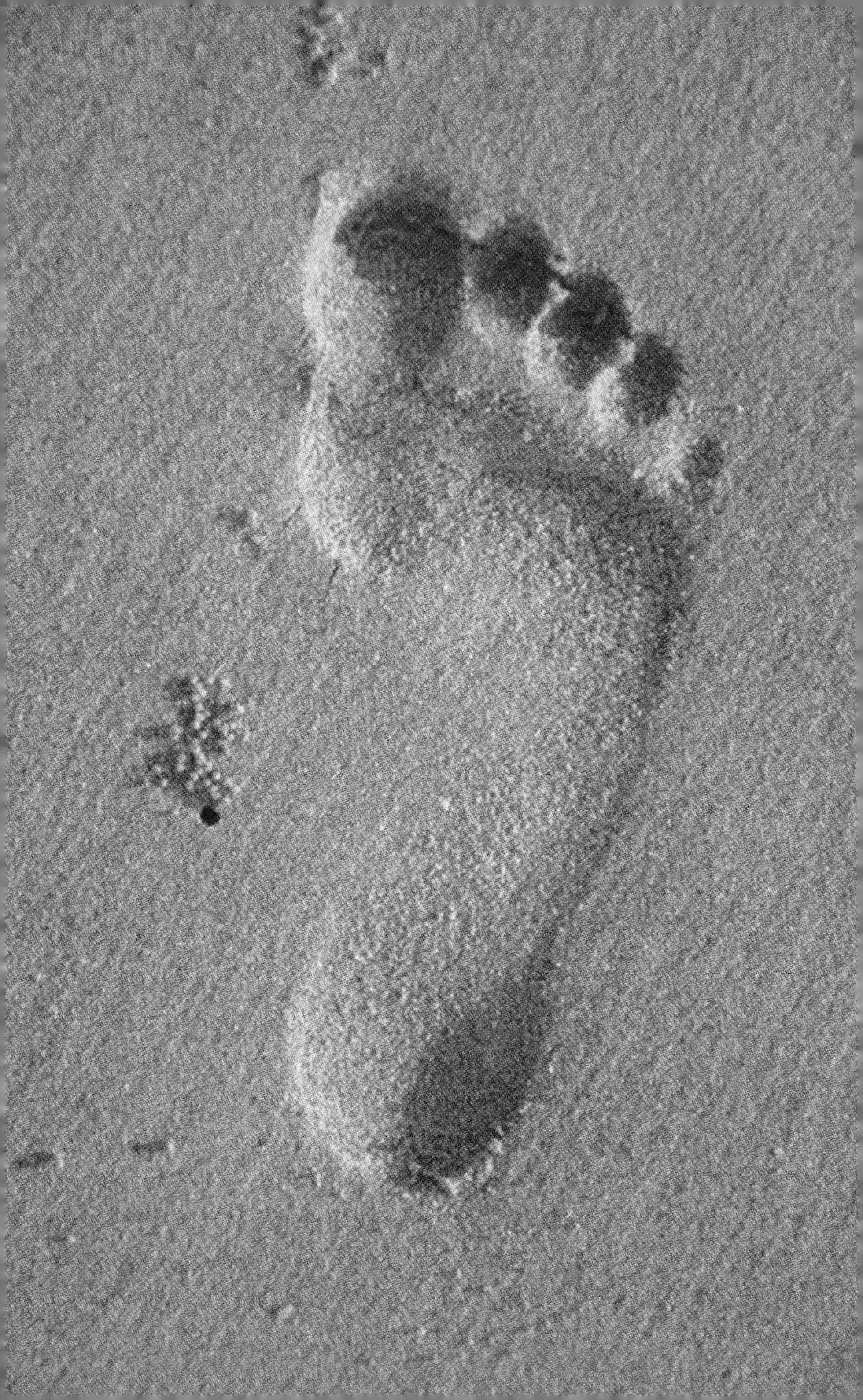

O mar ficou liso, virei a prancha na direção da praia e velejei até encalhar. Cada segundo era precioso, eu sabia que não podia desmaiar antes de ser visto. Tirei a perna machucada da prancha e pisei na areia, largando meu windsurfe, para seguir andando na direção do casal.

Dei o primeiro passo e caí na areia. "Caramba!" Instintivamente me levantei, fiquei em pé e repeti o movimento. Caí de novo. Com o instinto de sobrevivência à flor da pele, repeti pela terceira vez todo o movimento, em vão. Caído na beira da água, ao lado do meu windsurfe, percebi: "Não consigo andar!".

Eu não tinha força alguma na minha perna esquerda. Quando colocava o mínimo de peso sobre ela, simplesmente dobrava. Apoiei os cotovelos na areia, com os olhos cheios de raiva, me levantei mais uma vez. Fiquei em pé sobre a perna direita e saí pulando, ganhando alguns metros até cair de cansaço, com a respiração pesada e a garganta completamente seca. Me concentrei e inspirei forte, procurando força nos meus pulmões. "Não vou morrer na praia! Já cheguei aqui e agora vou até o fim!" Sem tirar os olhos do meu alvo, saí me arrastando pela areia, na direção do casal. Recuperei o fôlego e voltei a ficar de pé, ganhando mais três pulos de distância. Tornei a cair. Fui engatinhando, dando braçadas, avançando como conseguia sobre a areia fofa e pesada daquela parte da praia até entrar no campo de visão deles. Com muito esforço, consegui me levantar, mas dezenas de pontos brilhantes invadiram minha visão. "Estou apagando, ferrou! Eles vão me largar aqui..."

Imagina você estar ali namorando na praia, numa boa, e chegar um cara todo imundo de areia e sangue, morrendo. Eles poderiam simplesmente ter se assustado e ido embora.

Acenei com os braços e berrei com todo fôlego que me restava.

— Socorro! Tubarão!

Dessa vez, fui ouvido. Me avistaram e vieram correndo em minha direção.

— Fica calmo, sou farmacêutica. Estou vendo que não pegou na sua femoral. Você vai ficar bem.

Jamais esquecerei essas palavras, que me deram tanta força no momento certo.

Outra pessoa chegou para ajudar e fui levado na direção do carro, que estava a uns 20 metros. Depois disso, lembro de estar sendo retirado do banco do carona para o banco de trás. Vi uma grande poça de sangue sobre o tapete de borracha.

Com o carro já em movimento, recuperei o fôlego e voltei a tomar conta da situação. Fui dando as coordenadas até a casa do meu amigo, a sete quilômetros dali. Meu corpo estava leve, o que não era um bom sinal. Comecei a sentir umas fisgadas muito fortes nos ferimentos, que ajudavam a me manter consciente. Até então, não havia sentido dor alguma, nem mesmo no momento da mordida.

Seguimos pela estrada principal de acesso a Búzios até eu apontar para a esquerda, onde entramos em uma rua de terra. Não reconheci a entrada da casa e percebi que tinha indicado a rua errada. Sem perder tempo, voltamos de marcha a ré até a estrada principal. Havíamos passado uns 50 metros da rua certa. Por sorte, o portão da casa estava aberto. Entramos e seguimos na direção da casa principal.

Com a chegada de um carro desconhecido, todos na casa foram ver do que se tratava. Meu amigo Roger Wright veio correndo em nossa direção, com o olhar espantado e, ao me ver, não desviou mais seu olhar do meu. À medida que o carro foi parando, ele se aproximou da janela. Rapidamente, percebeu o que estava acontecendo. Como se já estivesse me esperando, chamou o caseiro, Marcos, para ajudar. Me retiraram do carro pelo porta-malas e me colocaram deitado na caminhonete que ficava na casa. Um copo de mate foi colocado na minha mão. O primeiro gole foi salvador. Senti minhas forças voltarem e minha respiração ficar mais leve. Roger e Marcos entraram na caminhonete e saíram arrancando.

E eu nunca mais vi o casal bom samaritano. Me lembro deles como se fosse hoje: um casalzinho encostado no capô da Parati azul, igual àquela que um dia vendi para viajar. Um casal maravilhoso, que salvou minha vida.

O que causa a morte de uma vítima de ataque de tubarão é a hemorragia simples. Não há veneno na mordida. A pessoa morre pela perda de sangue, e era isso que teria acontecido comigo, não fossem aqueles dois anjos. Eu teria morrido na praia, igual ao ditado popular.

O casal ligou no dia seguinte para minha casa em Búzios e falou com a caseira e amiga, Ana. Queria notícias.

— Ele foi para o Rio — ela informou.

Depois disso, nunca mais apareceram, mesmo eu tendo dado entrevistas em jornal e televisão. Quando o surfista tricampeão mundial Mick Fanning foi atacado, fui à Globo e à Record para dar entrevista e passar minha perspectiva sobre o caso. E o casal? Amigos de outros lugares do mundo viram a notícia e me ligaram, mas o casal que me salvou nunca mais. Sumiu mesmo. Às vezes, eu penso: "Será que existiu esse casal?". Não sei seus nomes, não consigo lembrar de suas fisionomias, não me despedi nem agradeci.

Tomamos o rumo do centro de Manguinhos, onde Roger disse conhecer um ótimo médico. Deitado no porta-malas, tentei dar a ideia do avião, mas não fui ouvido. Não estava mais no comando. Confiei no meu amigo, me concentrei na minha respiração e tentei acalmar meu coração e economizar minhas energias para ficar acordado.

Sempre gostei de saber onde estou. Por isso, lutava com todas as minhas forças para me manter consciente. Demorei anos para me acostumar com quarto escuro. Tinha sempre que deixar uma brecha da porta aberta. Não era medo de escuro, mas o vazio da escuridão que me desorientava, e um raio de luz garantia meu norte.

Com Marcos pisando fundo no acelerador, entramos na cidade de Manguinhos, passando pela igreja, pelo posto de gasolina, pelo cicle, pela veterinária, até finalmente chegar a uma pequena porta azul-marinho, na frente da qual paramos. Roger saiu do carro correndo e apertou a campainha. Um enfermeiro veio atender, e fui retirado do carro. A porta azul dava acesso a um corredor comprido que levava até a Clínica Búzios, uma pequena mas completa unidade de saúde com tudo do que eu precisava naquele momento: linha, agulha, anestesia e um ótimo médico, o doutor Joaquim.

Quando o vi, tive certeza de que iria sobreviver. Meu coração se acalmou, minha mente relaxou... Eu tinha conseguido! Havia se passado aproximadamente 40 minutos desde o ataque, 40 minutos entre a vida e a morte. Em uma decisão rápida e precisa, o médico disse:

— É aqui, agora. Fica descartada qualquer chance de remoção para outro hospital.

O doutor Joaquim começou a trabalhar. Eu estava perdendo muito sangue. Ele tinha que parar a hemorragia na minha perna. A primeira providência foi limpar os machucados — eu tinha caído várias vezes na praia, e os cortes estavam sujos e cheios de areia. Ao todo, foram quatro horas de procedimento médico nesse primeiro atendimento. O doutor Joaquim não permitiu que eu olhasse meus ferimentos. Tudo o que podia ver era seu ajudante torcendo um pano com meu sangue dentro de um balde.

A certeza de que iria sobreviver trouxe êxtase, recarregou minhas energias. Falei com meus pais por telefone, conversei com o médico, descobri que ele era surfista e não hesitei em perguntar:

— Doutor, em quanto tempo vou voltar a surfar?

— Surfar?! Pode ficar tranquilo. Em uma semana você vai estar surfando.

Na verdade, foram dez meses até minha recuperação total, até o dia em que o fisioterapeuta me deu alta. Desses, pelo menos três meses foram passados no quarto, em cima da cama, ou no sofá, na sala, sem colocar o pé no chão.

UMA NOVA IDENTIDADE

Rapaz é atacado por tubarão em Búzios

Após ser mordido, o windsurfista velejou por 20 minutos, chegou à Praia Rasa e gritou por ajuda

A notícia do ataque se espalhou pela praia e logo a clínica virou uma festa, com amigos e conhecidos vindos de todo canto para ver o que acontecera. Àquela altura, o doutor Joaquim já tinha acabado de dar os pontos internos, controlando a pior parte da hemorragia e totalizado duas horas de trabalho árduo contra o relógio. Ele estava cansado e parou por cinco minutos. Afastou-se da mesa de cirurgia e fechou os olhos.

Um dos meus amigos que estava na sala sacou uma câmera fotográfica, aproximou-se e tirou duas fotos da mordida. Ainda não sabíamos, mas ele tinha acabado de registrar a impressão digital do tubarão. Cada espécie de tubarão tem um formato de dente característico, e cada tipo de dente deixa um tipo de corte. Por isso, a análise dos cortes na vítima facilita a identificação da espécie de tubarão envolvida no ataque.

Doutor Joaquim voltou para mais duas horas de trabalho com muita habilidade, juntando daqui e dali os retalhos de músculo e pele da minha panturrilha. Nada mais perfeito do que sobreviver ao ataque de um tubarão e ainda poder dizer que tomei os últimos pontos sem anestesia!

A pergunta que não queria calar era:

— Doutor, quantos pontos?

— Deixa eu contar... Cada pacote de linha dá para dez pontos. Gastamos 25 pacotes. Então, foram 250 pontos, sendo 50 internos.

Tinha acabado de entrar para a história de Búzios, de fato e de direito: primeiro ataque, único ataque, sobrevivente do ataque, renascendo do ataque. No dia 20 de abril de 1997, fui rebatizado no centro de Manguinhos: João Tubarão.

O avião do meu amigo acabara de pousar em Búzios. O tempo estava contado. Fui levado de maca de volta para a caminhonete. Tomamos o rumo do aeroporto e conseguimos decolar ainda na última luz do dia, no limite de horário do aeroporto, que não tinha iluminação na pista. Fomos conversando durante o voo, apesar de o Roger insistir para eu descansar. Não estava cansado. Pelo contrário, me sentia bem e forte. Era como se tivessem substituído o litro e meio de sangue que perdi por um litro de adrenalina.

Em 40 minutos, estávamos pousando no Aeroporto Santos Dumont. Meus pais, avós e tios me esperavam na pista. Parecia um *rock star*. Todos vieram me abraçar e beijar. Só me assustei um pouco com a cadeira de rodas que traziam para mim.

De lá, fui levado para a Clínica Sorocaba, em Botafogo, onde meu avô tinha consultório. As carpas na entrada da clínica foram os primeiros peixes que vi depois que me safei de virar comida deles. Meu avô Antar me esperava com um grupo de colegas, todos médicos, ortopedistas e clínicos. Entre eles, estava o doutor Alcino, grande amigo do meu avô, que acompanhou toda a minha recuperação.

Desimobilizaram minha perna para analisar os ferimentos, fizeram testes de sensibilidade na sola do meu pé, pediram para que eu tentasse pequenos movimentos e, claro, queriam saber todos os detalhes do acontecido. História contada, fui liberado.

— Se você chegou vivo até aqui, o melhor mesmo é ir para casa. Não tem mais nada que possamos fazer.

Às dez da noite do dia 20 de abril, ainda salgado, cheguei em casa com a perna novamente imobilizada. Ocupava todo o espaço do sofá. Meus familiares começaram a chegar. Ter todos à minha volta era a melhor sensação do mundo.

Minha prima perguntou se poderia contar sobre o ocorrido na redação do canal de TV no qual trabalhava. Eu concordei, e logo chegou um carro de reportagem na minha casa. Na mesma noite, a história começou a sair nos principais noticiários da televisão. O telefone da minha casa começou a tocar: eram meus amigos de diferentes partes do Brasil que estavam vendo a notícia e correram para me ligar. Queriam saber se era eu mesmo e como estava.

Falavam com tom de preocupação. Alguns acabavam até achando graça.

— Logo você, que fala tanto de tubarão e vive por aí viajando para vários lugares, vai arrumar de ser mordido em Búzios!

Lembro da TV ligada e de alguém na sala passando os canais até chegar ao filme *Tubarão*. Pedi para deixar ali. Queria assistir um pouco. Acho que era a parte da praia, logo no início do filme. Assistimos a um pedaço e pedi para trocar o canal. Já estava bom de tubarão por um dia.

Minha adrenalina foi baixando e, por volta das duas da manhã, fui levado para o quarto. Deitei na minha cama, encostada na parede, e apaguei. Não tive sonhos ou pesadelos. Dormi profundamente e feliz por estar ali.

Acordei cedo e, como todos os dias, me levantei para sair da cama. Foi nesse instante que veio toda a dor que não havia sentido até então. Com o movimento, o sangue desceu do tronco com força para a perna, que estava com a musculatura da panturrilha toda costurada. Parecia que os pontos iam estourar e que a panturrilha ia explodir. Voltei a deitar murmurando e fazendo careta de dor.

— Nos próximos dias, toda vez que você for se levantar vai doer. Você tem que fazer o movimento o mais lentamente possível — disse meu avô, que estava de plantão na minha casa.

Ainda estava salgado, e todos concordaram que tomar banho seria a primeira providência. O banho, mesmo curto, tornara-se a maior função. Precisava de, pelo menos, duas pessoas me ajudando para ir até o banheiro. Tomava banho sentado num pequeno banco dentro do chuveiro com um saco plástico comprido em torno de toda a perna, pois fiquei com um dreno instalado: um tubinho para fora dos pontos por onde saíam as secreções.

Como os cortes eram muito profundos, tive uma recuperação longa — dez meses. Para evitar uma necrose, não podia deixar formar casquinha. Portanto, tinha que ir toda semana ao consultório do doutor Alcino, onde ele arrancava com pinça a crosta formada sobre as feridas — sangrava tudo de novo. Também tive que tomar muito antibiótico, mas, mesmo assim, contraí uma furunculose, uma coisa bizarra. Cheguei a ter oito furúnculos ao mesmo tempo no corpo. Não podia me mexer, era horrível.

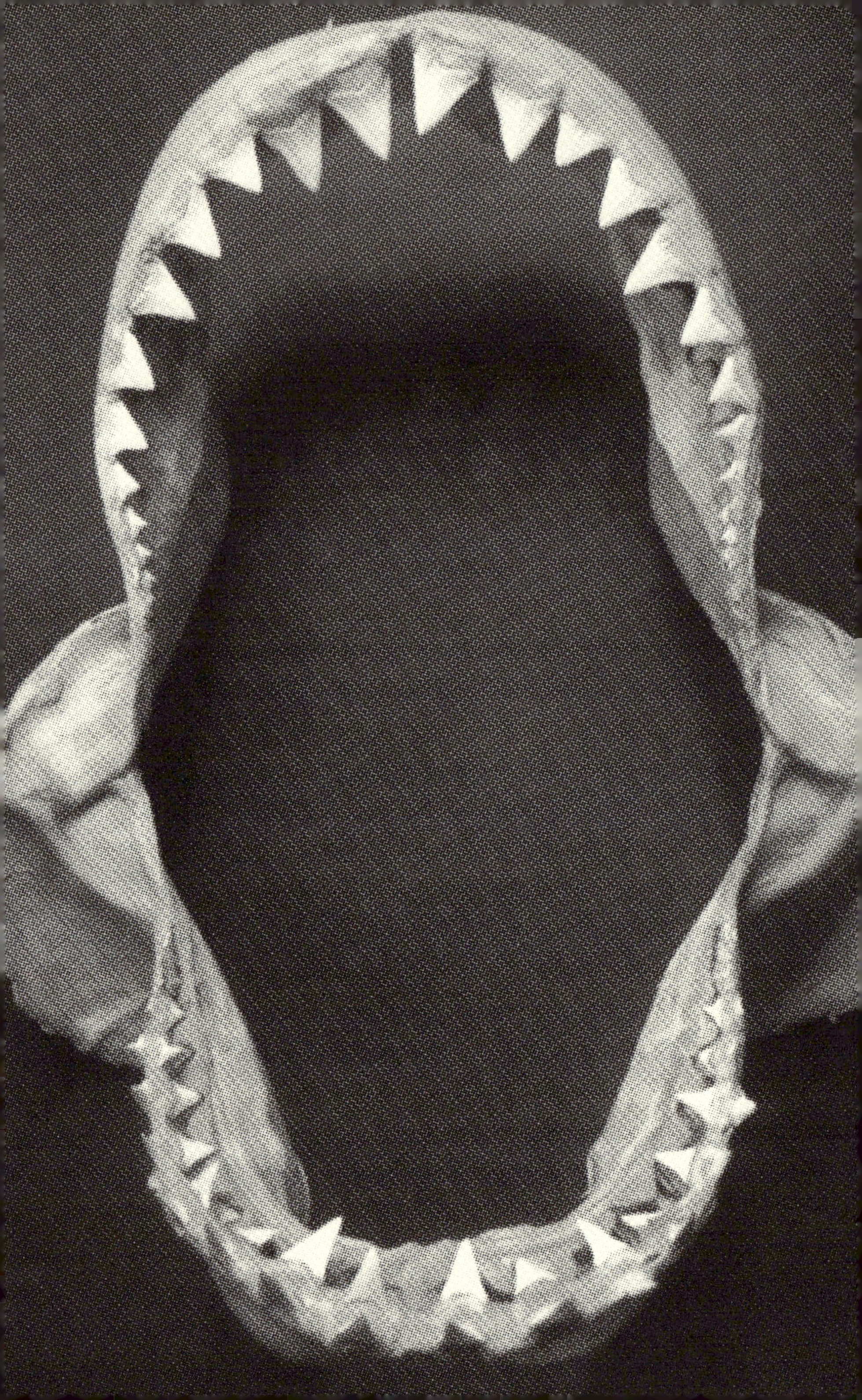

CARCHARODON CARCHARIAS

O tubarão-branco inicia a vida se alimentando de peixes. Ao alcançar três metros de comprimento, quando ainda é considerado jovem, sua mandíbula, inicialmente de cartilagem, torna-se mais rígida, e ele passa a procurar presas maiores. Logo, sua dieta é incrementada com mamíferos, como focas e leões-marinhos.

Muitos ataques a humanos acontecem nesse período de transição, quando o tubarão-branco está procurando e identificando novas presas. É um momento de descoberta, muito arriscado para o tubarão. Contra-ataques de grandes mamíferos marinhos são tão perigosos que podem até cegá-lo. De maneira a minimizar os riscos, o tubarão-branco morde a presa para soltá-la em seguida, diminuindo o tempo de contato e, assim, minimizando o risco de contra-ataque.

Ferido, o animal logo morrerá ou estará completamente debilitado, e, então, o tubarão vai se alimentar tranquilamente, com a possibilidade de economizar uma grande quantidade de energia que teria sido gasta em uma eventual briga. Assim é o ataque investigativo do tubarão-branco, resultado de milhares de anos de evolução.

Outras espécies menos "famosas" de tubarões podem ser muito mais letais para o ser humano. O tubarão-tigre e o cabeça-chata, por exemplo, arrancam pedaços de suas presas na primeira mordida. Pelo local e pelas dimensões da mordida, eu teria morrido caso o ataque que sofri tivesse sido feito por uma dessas espécies.

Hoje, sei tudo sobre o ataque graças a Otto Bismarck, até então o único biólogo marinho brasileiro autorizado a colocar a descrição de um ataque de tubarão no International Shark Attack File, um arquivo mundial de ataques — ou seja, uma sumidade internacional no assunto. Ele quis me conhecer pessoalmente, ouvir minha história e olhar meus ferimentos. Combinamos de nos encontrar no hospital quatro dias depois, quando eu faria meu primeiro curativo. Já tinha lido algumas matérias escritas por ele, principalmente nos casos dos ataques na Praia de Boa Viagem, no Recife, capital pernambucana.

Nos encontramos no consultório do doutor Alcino, na Clínica Sorocaba. Otto pediu para eu contar tudo do que me lembrasse do momento do ataque. Quando o médico retirou a imobilização da minha perna, pudemos ver os ferimentos.

— Foi, sim, um tubarão. E dos grandes! — reagiu instantaneamente.

Ele mediu a mordida na minha perna, tirou várias fotos e contou sobre algumas aventuras que também tinha passado com tubarões. Percebi que compartilhávamos da mesma admiração por esses animais. Antes de ir embora, entreguei-lhe uma cópia da foto tirada na clínica onde fui atendido em Búzios. Ele quase chorou de emoção. Disse que nunca teve tantas informações precisas e ainda uma foto para analisar. Prometeu que, dentro de um mês, entraria em contato com um relatório sobre o ataque.

Já fora do consultório, conversando com meu pai, Otto confessou que tudo o que mais queria na vida era ter a cicatriz de uma mordida igual à minha. Não sei se meu pai achou muita graça, mas eu entendo o que ele quis falar. Tenho o maior orgulho da minha cicatriz.

Meu tio Zé Cláudio era um grande pescador e caçador. Uma foto dele segurando um tubarão arpoado em Fernando de Noronha, anos antes de o arquipélago virar uma área de proteção ambiental, foi usada para ilustrar a capa de uma edição da revista *National Geographic*.

— Estávamos pescando lagostas, cada uma enorme. Todos falavam de tubarões em Fernando de Noronha, mas, até aquele momento, não havia visto nenhum. Senti um puxão na boia em que estava colocando as lagostas e fui até lá ver o que era. Para minha surpresa, todas as lagostas estavam mordidas. Imaginei que fosse um tubarão, peguei minha arma mais potente no barco e fiquei esperando. Quando ele voltou para comer as lagostas — pum! —, dei uma arpoada certeira.

Tio Zé Claudio tinha todos os requisitos para descobrir qual espécie de tubarão tinha me atacado.

— Branco! Tenho um livro inteiro de fotos de mordidas de tubarão. Comparei com a sua foto. Tenho certeza! Foi um branco!

Desliguei o telefone com um sorriso de lado no rosto. Como se tivessem combinado, logo em seguida me ligou Otto Bismarck com seu veredito:

— O nome científico é *Carcharodon carcharias*. Tinha entre 3,20 metros e quatro metros de comprimento e estava seguindo você, provavelmente atraído pela cor amarela da prancha.

Otto pediu para eu contar a quantidade de cortes na parte da frente da minha perna. Disse que cada uma das cicatrizes correspondia a um dente do tubarão e que essas eram as marcas da mandíbula inferior. O estrago na panturrilha, que tinha sido maior, havia sido causado pela mandíbula superior, que nos tubarões-brancos é a mais forte, ao contrário dos seres humanos.

Desliguei o telefone com todos ansiosos à minha volta para saber as notícias.

— Foi um tubarão-branco!

Um olhar de espanto desconfiado estampou seus rostos. Essa foi a primeira de muitas vezes que eu veria aquelas mesmas expressões ao contar que tinha sido atacado por um tubarão-branco.

— E essa foi a minha sorte!

A partir desse dia, passei a ser uma prova viva da presença de tubarões-brancos em nosso litoral. Existem relatos de pescadores submarinos que garantem ter visto um tubarão-branco enquanto pescavam por fora da Ilha Grande, em Angra dos Reis, mas, como nenhum deles tem registros para provar, fica sempre a dúvida. Além do meu caso, outra prova da presença dessa espécie de tubarão em nossas águas foi a pesca de um tubarão-branco de mais de sete metros no município de Cananeia, no litoral sul de São Paulo. Ele ficou preso na rede de pescadores locais e hoje está embalsamado na prefeitura da cidade, com visitação aberta ao público.

O *Carcharodon carcharias* pode medir até sete metros de comprimento e pesar mais de duas toneladas. O que me mordeu era um tubarão ainda jovem, apesar dos seus quase quatro metros de comprimento. Fiquei impressionado com o fato de o tubarão estar me seguindo, atraído, provavelmente, pela cor amarela da prancha. Ao contrário do que sempre costumava ouvir, os tubarões têm uma ótima visão, e acredita-se que possam até distinguir cores.

Em que momento o tubarão me avistou e começou a me seguir? Por quanto tempo eu fiquei na mira de um dos maiores, mais ferozes e antigos predadores do nosso planeta? Essas e outras perguntas nunca serão respondidas. As respostas se diluíram na água, junto com o tubarão.

RETORNO
À VIDA

Passei os primeiros três meses após o ataque entre o quarto e a sala, sem tocar o pé no chão. Amigos e parentes ajudaram a passar o tempo. No quarto mês, fui liberado para sair de casa. O primeiro lugar que quis ir foi para a faculdade de Marketing, que cursava à época. Estava praticamente perdendo o semestre. Como estudava à noite, resolvi chegar atrasado para evitar a confusão da entrada. Peguei o elevador e subi até o quarto andar. O *hall* de acesso às salas estava vazio.

Me aproximei da minha sala e pude ver, através da janela de vidro na porta, que a aula estava começando. Com ajuda das muletas, empurrei a porta. Antes que pudesse cumprimentar o professor, a turma se pôs a bater palmas. Até o professor entrou na onda. Foi emocionante e inesperado. Palmas POR ESTAR VIVO! Nem preciso dizer que a aula acabou ali mesmo, eu contando minha história do começo ao fim, nos mínimos detalhes.

Sete meses após o ataque, o médico me falou para ficar de pé e colocar a muleta de lado. Afastou-se alguns metros e perguntou se eu conseguia andar até ele. Tinha me esquecido do impulso de andar. Tive que me concentrar para colocar meu corpo em movimento. Apesar de a minha perna estar mais fina do que meu braço, conseguia suportar meu peso de maneira firme e me movia perfeitamente.

Estava entrando na reta final da minha recuperação, agora só faltava fortalecer os músculos. Comecei a fisioterapia e, assim que minha perna ganhou força, voltei para as piscinas. Estava há quase um ano longe do mar, uma eternidade para alguém que tem água salgada correndo nas veias.

MAR À VISTA!

Logo nas primeiras braçadas, ainda na piscina, percebi que alguma coisa estava diferente. Mas não era na minha perna, era na água. Qualquer sombra chamava minha atenção e, algumas vezes, me assustava. Eu ficava sempre alerta. Mesmo estando dentro de uma piscina, totalmente seguro, podia sentir uma presença. Aos poucos, fui percebendo que tinha desenvolvido medo de tubarão.

Medo de tubarão?! Eu?! Como assim?! Eu nunca tive medo de tubarão! Eu não podia ter medo de tubarão! Todos os meus heróis saíram de histórias de pescarias e aventuras no mar, e nenhum deles tinha medo de tubarão! Minha família tinha histórias de tubarões e ninguém nunca falou em ter medo deles!

Mas era isso mesmo que eu estava sentindo, e não tinha como fugir daquela sensação, daquele medo. Resolvi, então, que iria acabar com aquilo. A maneira que encontrei para amenizar meu medo de tubarão e minha saudade da água foi voltar a nadar na piscina do Iate Clube do Rio de Janeiro. Com 40 metros de comprimento por 20 metros de largura e uma água azul como a da Polinésia Francesa, essa piscina sempre me lembrou o mar. Tinha até uma ilha na parte mais funda, além de ser cercada por grandes coqueiros. Apesar de toda beleza, ficava vazia durante a semana. Era perfeita para quem queria voltar para a água com calma.

Passados alguns dias, fui até o Iate para nadar à noite. Esperei que desligassem as luzes e, só então, entrei na água, na escuridão, quando não tinha uma alma viva por perto. Sem fazer barulho, nadei até o meio da piscina, bem longe das bordas, onde não conseguia encostar os pés no fundo. Parei e fiquei ali boiando, com o corpo totalmente submerso.

Sabia que estava numa piscina e, claro, que não tinha perigo algum, mas, mesmo assim, estava com medo. Sentia como se a qualquer momento fosse ser puxado para baixo d'água. Chegava a ter a ilusão de ver uma barbatana passando de tempos em tempos. Tinha vontade de sair nadando em disparada até a borda, mas insisti e fiquei um bom tempo tentando entender aquele medo. Percebi que, se quisesse voltar para o mar, teria que aprender a conviver com o meu tubarão, uma nova espécie que eu estava descobrindo: o tubarão-fantasma.

DNA

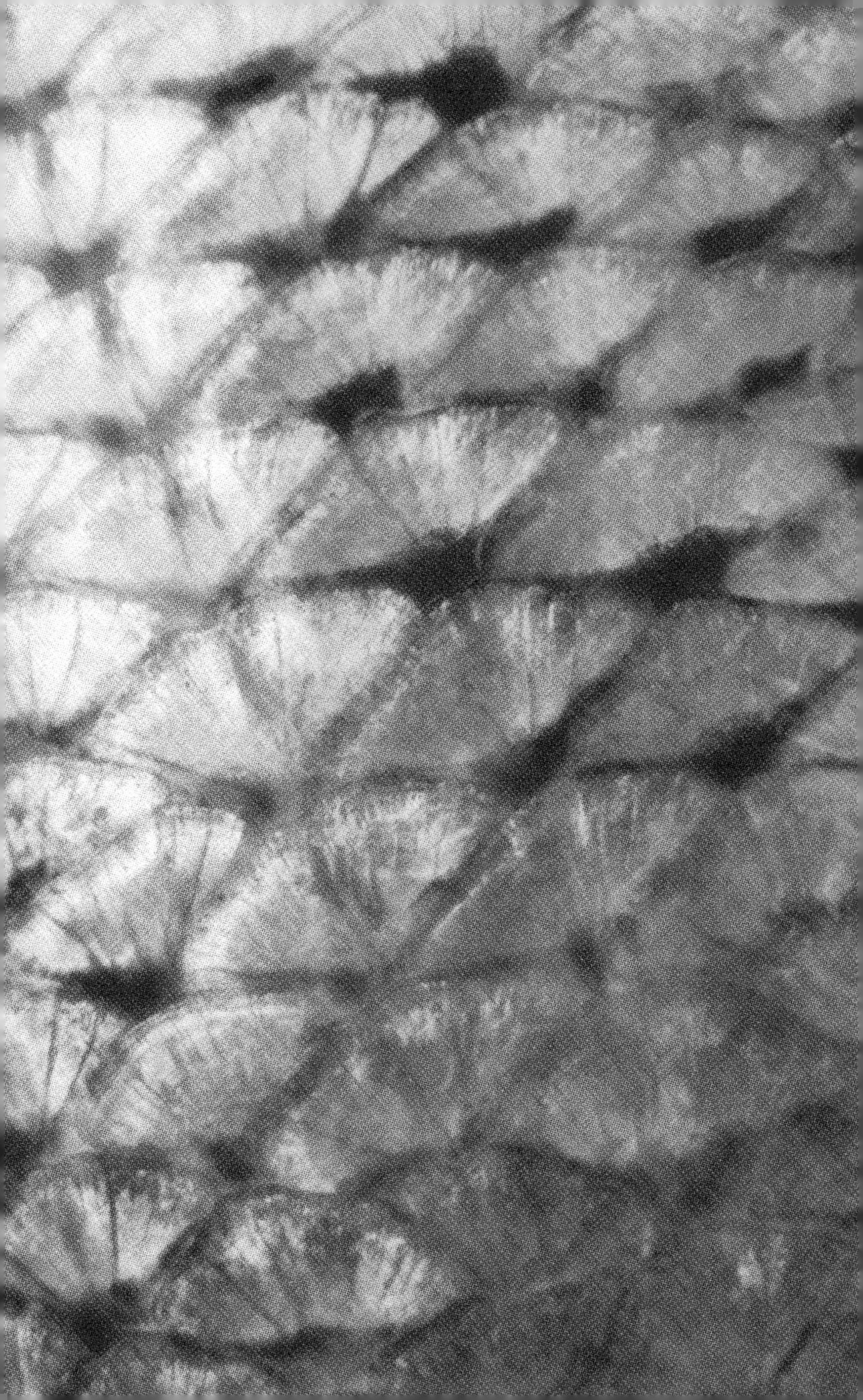

É no mar que eu me sinto em casa. É também no mar que me sinto mais útil e mais safo. Quando tiro meus pés da terra firme, meus sentidos e minha atenção se aguçam. No mar, você tem que estar sempre alerta, e isso faz com que eu me sinta mais vivo. Eu preciso do mar para viver.

Essa imensidão de água salgada sem limites, conectando todo o nosso planeta, que permite que se entre em um barco na Baía de Guanabara e siga direto para o Japão, conforme o desejo. Uma estrada cheia de vontades e mistérios, povoada por milhares de seres vivos. O início da vida no nosso planeta. Está tudo ali. Até as maiores montanhas da Terra estão lá, submersas.

O desejo de explorar nosso planeta está no DNA da minha família. Além de armas de mergulho e fotos em preto e branco, nossas casas eram decoradas com lindas aquarelas, as mais lindas que já viu, dizia Candido Portinari, meu tio-avô. Aquarelas de todos os cantos do país, pintadas por dona Tita, minha bisavó paterna, uma mulher incrível. Ficara viúva do dia para a noite, aos 32 anos, para nunca mais se casar. Cuidou sozinha dos sete filhos, o que não a impedia de sair desbravando nosso litoral.

Costumava pegar carona nos hidroaviões dos Correios, de onde um primo seu era aviador. Decolavam do Rio de Janeiro, e ela cutucava o ombro do piloto sempre que avistava do céu um lugar que chamava sua atenção, para dizer em seguida:

— Pode me deixar ali?

O combinado sempre era que voltasse para buscá-la em 15 dias. Ficava hospedada na casa dos moradores locais e pagava a estadia com as latas de comida que carregava e que na época valiam ouro. Fazia tudo isso como um modo de inspiração para suas aquarelas.

Esse espírito de aventura foi passado adiante. Meu avô paterno, Theophilo Leão, o mais novo de seus sete filhos, se formou na primeira turma de Agronomia da Universidade de Nova Viçosa, em Minas Gerais. Dali, foi direto para o estado do Espírito Santo, na época com florestas tropicais ainda intocadas — ele contava que, em uma de suas andanças pelo interior do Brasil, chegou a conhecer Lampião e Maria Bonita. Já meu avô materno, Antar, exímio mergulhador, costumava cantar para o mar: "Vem ondinha de Nossa Senhora, vai onda FDP".

Um dos maiores pescadores de linha do Brasil foi meu tio-avô, Manoel Leão — tio Manoel, como era chamado por todos. Existe até um torneio de pesca em sua homenagem. Entre seus vários feitos no mar, o mais notável foi o de ter pescado o primeiro peixe-de-bico em águas brasileiras, assim dando início à pesca esportiva no Brasil.

Eu estou aqui graças a essa paixão pela pescaria. Meus pais se viram pela primeira vez nas águas do canal de Cabo Frio, um canal natural que liga as lagoas supersalgadas de Araruama ao Oceano Atlântico. Iniciando na caça submarina, meu pai viu "a menina mais linda do mundo passar esquiando", Anna Luisa, com quem se casou anos depois.

Tio Manoel tinha uma casa em Cabo Frio desde 1932. Foi uma das primeiras casas de veraneio da região, onde meus avós passavam as férias. Muitas histórias vêm dessa época, quando meu tio-avô estava no auge de sua forma de pescador, vencendo vários campeonatos.

— Estávamos corricando (fazendo um tipo de pesca que consiste em arrastar iscas na superfície do mar, com o barco em movimento) com mar espelho, tão liso que chegava a refletir, quando avistamos de longe várias nadadeiras dorsais de *sailfish* abertas para fora da superfície — costumava contar. — Passamos pelos peixes várias vezes, com as iscas na água, mas nenhum se interessou por elas.

Uma visão raríssima e indescritível, que ficou marcada na minha memória para sempre, mesmo eu não estando lá.

Outra vez, um marlim já fisgado, com o anzol na boca, partiu para cima do nosso barco e fincou seu bico na popa da lancha, atravessando a madeira até atingir a parte interna do camarote principal. Eles serraram o bico do peixe por fora e por dentro do barco, e um pedaço do bico passou a fazer parte do costado da lancha (parte do casco que fica acima da água).

As histórias que eu ouvia na sala da casa de Búzios, entorpecido pelo cheiro dos charutos, não saíam da minha cabeça. Eram praticamente filmes, com riqueza de detalhes e emoções. Éramos uma família de pescadores, campeões de pesca. Tínhamos fotos de pescarias incríveis com peixes que, muitas vezes, passavam dos 200 quilos! Presa e predador: meus parentes paternos e maternos sempre ao lado, exibindo seus dentes, orgulhosos.

> A primeira geração de caçadores reunia, já então, expoentes da fina flor da zona sul [...]. A segunda leva, já nos anos 1950, reforçou a tendência. Dela faziam parte o dermatologista Antar Padilha [meu avô] e os industriais Ian Solberg e Oscar Sjöstedt. E assim florescia a caça sub entre as famílias da alta-roda, gente que só ia à zona norte em dia de Maracanã. Embora aqui e ali despontassem, pouco mais tarde, os "ratos de praia" — rapazes de classe média com jornada integral nas areias e que viviam da venda dos peixes arpoados.[1]

Todo aquele conjunto de informações e histórias povoavam minha imaginação e me empurravam cada vez mais mar adentro. Quanto mais eu ouvia mais queria ter as minhas histórias para contar. Ainda pequeno, um dos meus maiores sonhos era um dia dar a volta ao mundo velejando. A solução foi ir para o mar. Com 19 anos, já tinha perambulando pelos oceanos Índico e Pacífico, onde fiz meus primeiros mergulhos com tubarões.

---

[1] SARDENBERG SOBRINHO, Walterson. Caça submarina: rápidos no gatilho. In: *Blog Custom Editora*. Disponível em: http://custometitora.com.br/caca-submarina-rapidos-no-gatilho/. Acesso em: 13 fev. 2019.

Uns cantam, outros rezam, muitos levam presentes. Desde criança, eu converso com o mar e com os barcos. Foi assim desde o meu início no mar: conversas amigáveis na esperança de que tudo corresse bem.

O mar *está* vivo. O mar *é* vivo.

O mar é um ser líquido.

VOLTA AO MAR

Volta ao surfe

Foi em maio de 1998, sem susto. Não tive nenhuma visão de tubarão-fantasma, a nova espécie que eu estava descobrindo. Peguei meu carro e fui até o meio da Praia da Barra da Tijuca, na zona oeste da cidade do Rio de Janeiro. Estacionei e coloquei somente o short, apesar do vento e do dia um pouco nublado. Peguei minha prancha e atravessei a avenida. Andei na direção do mar até sentir a água azul e morna tocar meus pés. A sensação de estar de volta à natureza era maravilhosa. Coloquei minha cordinha no calcanhar e fui surfar.

As ondas não estavam boas. Um vento sudoeste brando balançava a ondulação de um metro. Fiquei na água por uma hora. Peguei algumas ondas, mas nada especial. Ainda assim, saí amarradão. Surfei sozinho o tempo todo, sempre tranquilo. Voltei para o carro de peito estufado. Estava de volta!

Volta ao mergulho

Saí para pescar com meu avô Antar. Embarcamos no Iate Clube, na Urca, e rumamos para as Ilhas Cagarras. Paramos o barco por dentro da ponta sul da Ilha Comprida. O mar estava calmo, mas a temperatura da água era fria, em torno dos 20ºC, e a visibilidade não passava dos três metros. A correnteza corria a sul, o que normalmente traz uma água de cor esverdeada e densa. Decidi dar um mergulho só para me molhar. Então, subi no segundo andar do barco, uma pequena plataforma com um banco de três lugares, a uns três metros de altura. Olhei para baixo e, vendo aquela água escura, veio um pensamento, um receio de tubarão. Procurei não dar muita atenção àquele sentimento, me concentrei no mergulho e fui de cabeça, com os braços para frente.

Já estava voando. Não adiantaria mais sentir medo ou receio. Entrei na água e fui afundando com os olhos abertos. Deixei o mergulho durar algum tempo, indo cada vez mais fundo. Comecei a girar o corpo para olhar a superfície e vi de relance o rastro de bolhas que meu mergulho tinha deixado, como se um torpedo tivesse passado pela água. Por um segundo, achei que fosse um tubarão. Tempo o bastante para tomar uma descarga de adrenalina.

Subi na lancha tranquilo e rindo de mim mesmo, me achando um medroso e até pretensioso de pensar que tinha um tubarão ali. Contei do susto para meu avô, que achou graça.

Volta ao windsurfe

O ataque aconteceu em abril de 1997 e voltei a velejar de windsurfe praticamente um ano depois. O windsurfe era parte de mim e nunca tinha pensado em parar ou diminuir minhas velejadas. Pelo contrário, estava querendo ir ainda mais longe. Lia histórias de travessias oceânicas com windsurfe e gostava da ideia. Por isso mesmo, voltei a velejar na mesma praia de sempre. Olhava o mar da mesma forma e sentia a mesma coragem. Voltei a velejar com a prancha amarela que talvez tenha atraído o tubarão, mas que, certamente, havia me salvado dele.

Talvez por tudo isso, não lembro a data exata da primeira vez que velejei após o ataque. Simplesmente montei o material de windsurfe no jardim de casa, carreguei até o mar, enchi a vela de vento e saí planando. Aos poucos, fui percebendo que alguma coisa havia mudado nesse período longe do velejo: descobri que meu tubarão-fantasma também tinha ido para o mar. Sentia sua presença sempre por perto. No início, não me importei muito. Era uma adrenalina a mais na hora de velejar, mas, aos poucos, foi perdendo a graça e ficando mais forte.

Não queria mais cair na água durante a velejada. Então, me equilibrava ao máximo sobre a prancha. Quando não conseguia, aquilo virava um pesadelo, uma corrida contra o relógio para voltar para cima da prancha e retomar o curso da velejada. Era horrível ter que ficar muito tempo dentro d'água. Podia sentir o tubarão me mordendo, parecia que estava de volta ao ataque. Voltava a velejar com o coração disparado e sem energia. Era como se estivesse sendo atacado várias vezes no mesmo dia. Velejei com o tubarão-fantasma no meu encalço até 2005 — foram oito anos tentando vencê-lo, mas, aos poucos, o sentimento foi crescendo, e eu fui parando de velejar de windsurfe.

O auge da paranoia foi no dia em que vi uma gaivota pousada na água. De repente, a gaivota sumiu para debaixo d'água — vupt! Eu sabia que tubarões-tigre comiam gaivotas, então essa seria uma cena possível no mar. "Tinha uma gaivota ali, e essa gaivota foi engolida por um tubarão-tigre bem na minha frente!", concluí. Teria sido um comportamento característico dessa espécie muito agressiva (*Galeocerdo cuvier*), famosa pela força de seus dentes — capazes de perfurar até o casco de tartarugas adultas —, potencialmente perigosa para o homem, tendo inúmeros casos de ataques relatados, principalmente, nas ilhas do Havaí. Com corpos bastante musculosos e rajados, podem chegar aos seis metros de comprimento e pesar mais de 500 quilos.

Voltei para a praia assustado. Mais tarde, encontrei meu pai.

— A gaivota foi engolida não sei pelo quê!

Meu pai começou a rir, e acabamos na gargalhada. É lógico que isso não aconteceu, mas eu vi.

Voltando a cruzar as linhas imaginárias

Continuo frequentando até hoje o mesmo lugar onde o tubarão me atacou, só que para praticar caça submarina. Muitas vezes, nas mesmas condições de mar revolto, água com pouca visibilidade e ventania. Claro que penso no tubarão e tenho receio, não é mais como antes do ataque, quando eu não acreditava na possibilidade de ser atacado. Qualquer estatística não serve mais para mim. Passei a fazer parte dela.

Não volto lá para desafiar ou provar nada. Volto pelo mesmo motivo que levou o tubarão a estar lá quando me atacou: para caçar. Às vezes, estou submerso, me segurando nas pedras do fundo, fazendo espera, como chamamos, e imagino um tubarão gigantesco passando na minha frente, e penso no que iria fazer se aquilo acontecesse. Nesses momentos, tenho que esquecer meus pensamentos ou subir no barco, o que é bem raro. Não me permito imaginar um tubarão quando estou dentro da água, porque parece que vou atrair algum só de pensar. O mesmo serve para quando estou surfando: não deixo minha mente seguir esse caminho.

Ao longo da vida, vamos identificando e criando nossos fantasmas e temos que aprender a viver e conviver com eles. Sempre foi assim. Minha contribuição para a ciência é o tubarão-fantasma — nunca consegui fotografá-lo para provar sua existência, infelizmente, mas eu garanto que existe. Para mim, ele existe.

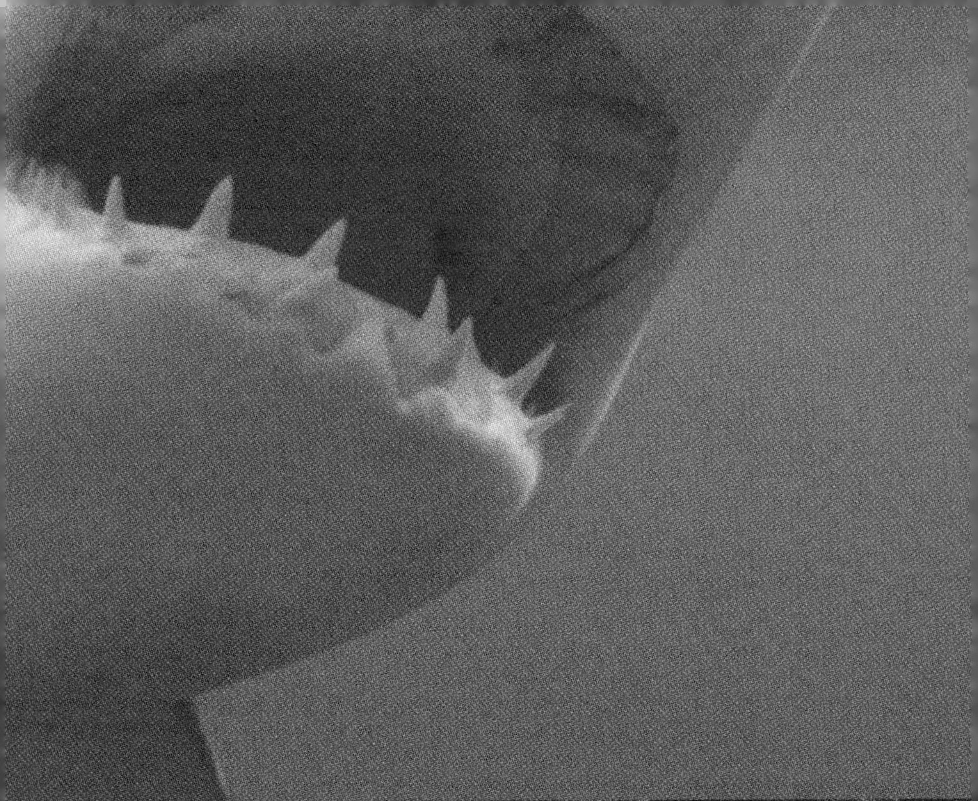
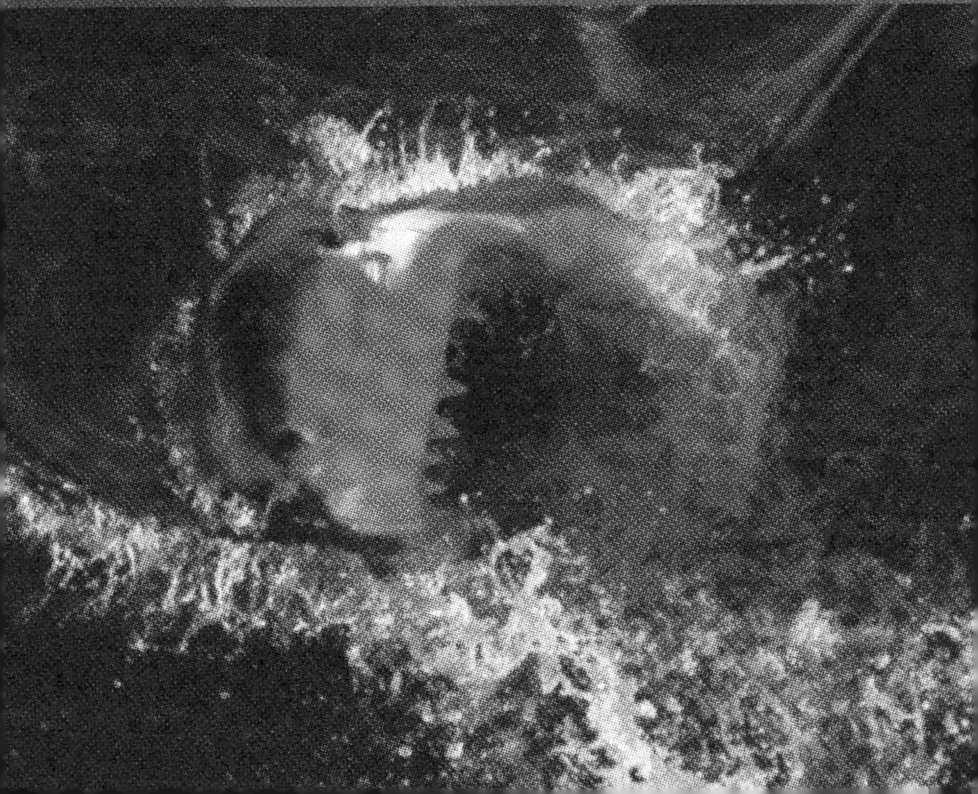

LEÃO DO MAR

Recentemente, o *stand up paddle* (SUP) entrou na minha vida. É uma maravilha. Peço para alguém me levar de carro ou de barco até a ponta da Península de Búzios e volto para casa remando. A mesma liberdade que sentia no windsurfe, de estar no meio do mar em uma prancha, respirando maresia.

Meus filhos também começaram a praticar *stand up paddle*. Deixei que fossem sem mim, acompanhados dos amigos, sempre paralelamente à praia, mas, com o tempo, passaram a me pedir para fazer o *downwind* (ir a favor do vento) da maneira que eu faço: de uma praia à outra, atravessando algumas baías. Depois de muita insistência de ambos, resolvi levá-los. Além dos meus filhos, mais dois amigos foram conosco, cada criança, na faixa dos 11 anos, na sua prancha, e eu seguindo em um botezinho de borracha, para ter alguma segurança extra e um ponto de apoio para uma eventual desistência deles por cansaço ou temor. Na hora de subir na prancha, minha filha começou a ficar com medo de tubarão.

— Amor, não vou botar você onde tem tubarão — disse, tranquilizando-a.

Todos foram remando felizes até que, de repente, apareceu uma barbatana enorme ao lado deles. Não dava para acreditar; e, na hora, eu pensei: "Caramba! Um tubarão enorme no meio das crianças!" O bicho ficou ali sem se mover por alguns segundos, afundou e sumiu. Isso acabou com a brincadeira.

— Foi uma orca — avisei.

Eu tenho muito respeito e medo de orcas. Quando percebi que era uma delas, imediatamente tirei todos da água e fiz com que entrassem comigo no bote. É extremamente importante ter respeito pelos seres do mar: peixes, por menores e mais inofensivos que pareçam, podem ser muito venenosos; águas-vivas também podem ter venenos fatais, como é o caso das caravelas-portuguesas, chamadas assim por, literalmente, velejarem pelos oceanos.

Mamíferos marinhos também podem ser perigosos, por terem seus territórios e defendê-los com violência, se preciso for. Não se pode sair mergulhando e invadindo o *habitat* deles ou mesmo achar que é tranquilo fazer carinho em um lobo-marinho ou uma foca. Por eles serem animais selvagens, temos que respeitar e saber como lidar. Respeitar esses limites é fundamental para evitar um acidente grave.

Atualmente, nas costas leste e oeste dos Estados Unidos, as focas estão por todo o lado, e sabe-se que elas são o alimento predileto do tubarão-branco. Alimento em abundância atrai os tubarões, que, protegidos por lei, se espalham por longas faixas costeiras. A crescente população de baleias é outro atrativo para os tubarões, principalmente suas carcaças, que servem de alimento para diferentes espécies desses peixes, que, assim, mantêm as praias livres dessas enormes montanhas de carne pútrida. Esse é, inclusive, um belo serviço de limpeza que os tubarões nos prestam.

O número de ataques de tubarão tem aumentado na Austrália, no Havaí, na Califórnia e em praticamente todos os lugares costeiros onde os tubarões sempre estiveram. Um dos motivos para esse aumento é que o ser humano está, aos poucos, invadindo o mar. Os esportes aquáticos têm nos levado a lugares antes não frequentados por humanos, mas onde os bichos sempre estiveram.

Em paralelo à nossa invasão dos oceanos, estamos presenciando o resultado de políticas ambientais postas em prática em meados dos anos 1980, proibindo a captura e a comercialização de diferentes mamíferos marinhos, principalmente as baleias, que corriam risco de extinção. O mesmo foi feito pouco tempo depois com o tubarão-branco, pelos mesmos motivos. Quarenta anos depois, os oceanos estão repletos desses bichos.

Não sou a favor da pesca das baleias, tampouco dos tubarões-brancos, muito pelo contrário. Cortei o cação da minha dieta em respeito aos tubarões. Mas o homem, em algum momento, vai ter que parar para refletir e rever essas leis, sobretudo em lugares como Califórnia, Austrália e África do Sul, onde ataques a seres humanos estão cada vez mais frequentes.

A criação de cotas anuais de pesca por espécie, além de peso mínimo e máximo, pode ser um caminho para regular esse "desequilíbrio", além, é claro de investimentos em estudos, pesquisas e monitoramento dessas espécies e de seus *habitat*.

Câmeras de segurança perto de praias já capturaram imagens de tubarões junto a surfistas. São cenas impressionantes, do tubarão pulando para fora da água, lembrando o salto de um golfinho. Casos assim, provavelmente, envolvem um tubarão-mako. Da mesma família do branco, o mako está entre as três espécies de tubarão com sangue quente, famoso por seus saltos e, por isso, muito desejado por pescadores esportivos, o que o colocou na lista de extinção. É potencialmente perigoso para os seres humanos.

Esse tipo de ocorrência traz de volta uma velha discussão: proibir ou não o banho de mar em determinados locais. O equilíbrio entre homens e animais tem que ser encontrado para que possamos viver em harmonia. Políticas ambientais são fundamentais para se chegar a esse equilíbrio. Leis têm que ser flexíveis, adaptando-se às características de cada região.

Em uma recente viagem à Austrália, onde o tubarão-branco é protegido por lei em todo o país, presenciei as reações que normas engessadas podem causar. Em uma pequena cidade da costa leste onde ocorreram muitos ataques de tubarão-branco em um curto intervalo de tempo, os moradores se uniram para recolher o valor da multa referente à pesca desse animal e partiram para a caça. Nesse caso, os moradores acabaram com raiva dos tubarões, um sentimento antigo que, ao meu ver, parecia esquecido na história, mas que provou ainda estar vivo. Entretanto, outras medidas poderiam ter sido tomadas para evitar os ataques, como o uso de redes de segurança e monitoramentos mais rigorosos.

Por estarem no topo da cadeia alimentar, os tubarões têm um papel fundamental no equilíbrio dos oceanos. Um exemplo do que pode acontecer caso esses animais sejam extintos aconteceu na Tasmânia, onde a pesca excessiva de tubarões acabou por multiplicar a população de uma de suas presas, os polvos. Já a presença abundante dos polvos, por sua vez, praticamente exterminou a lagosta, um dos alimentos preferidos desses moluscos, prejudicando muito a economia local. Esse é apenas um exemplo do que pode acontecer quando se interfere no frágil equilíbrio da natureza.

OCEANO VIVO: A CASA DOS TUBARÕES

PERIGO
AREA SUJEITA
A ATAQUE
DE TUBARAO
DANGER
RISK
OF SHARK ATTAC

Um ano após o ataque, voltei para a Polinésia Francesa, para rever um velho amigo. Ele havia se casado com uma taitiana que conhecera quando viajamos juntos dois anos antes. Estavam morando em Tikehau, um dos mais de 100 atóis que formam o arquipélago de Tuamotu. Desse reencontro, nasceu a vontade de fazermos algo juntos, e acabamos nos aventurando na produção de pérolas negras.

Por mais improvável que possa parecer, eu passei os dez anos seguintes ao ataque morando na casa dos tubarões, mergulhando diariamente cercado por esses peixes incríveis. Comecei a filmá-los debaixo d'água, o que me levou a aprender a respeitá-los e a entender um pouco mais de seu comportamento.

Avistar uma barbatana de tubarão é, sem dúvida, uma das maiores recompensas que alguém pode ter quando sai para o mar. Certeza de história para contar pelo resto da vida: a vez que vi um tubarão!

Toda vez que saio para o mar fico de olhos bem abertos, escaneando a superfície da água — é o meu DNA de pescador à procura de peixes, cardumes e, claro, barbatanas. Apesar de ter passado muitas e muitas horas observando o mar, posso contar nos dedos as vezes que avistei uma barbatana de tubarão.

Não é comum ver um tubarão, já que, na maioria das vezes, ele nos avista primeiro e logo sai de perto. Não podemos esquecer que os maiores predadores da natureza somos nós, os seres humanos. Estima-se que 100 milhões de tubarões são mortos todos os anos por nós, humanos.

— Tubarão! Tubarão!

Uma guinada do barco na direção do objeto, na esperança de vê-lo de perto. Muitas vezes, não são tubarões, mas, sim, peixes-lua, arraias e outros seres marinhos. Uma decepção maravilhosa, já que todos esses animais são muito raros e incríveis, dignos de histórias. Hoje em dia, também é comum nos confundirmos com lixo boiando — isso, sim, uma decepção total.

Com o povo de Tuamotu, reaprendi um velho ditado do meu avô:

— No mar, tem que manter a cuca fresca sempre.

O oceano funciona como uma máquina com rotações e períodos cíclicos, e a percepção desses ciclos é o que vai distinguir uma pessoa da outra no mar, desde a vela de competição à pescaria amadora ou profissional: perceber e se antecipar. Antecipar a natureza, um aprendizado que não acaba nunca, entender sobre a vida do nosso planeta, sua respiração, sua corrente sanguínea.

OS VERDADEIROS DONOS DO MAR

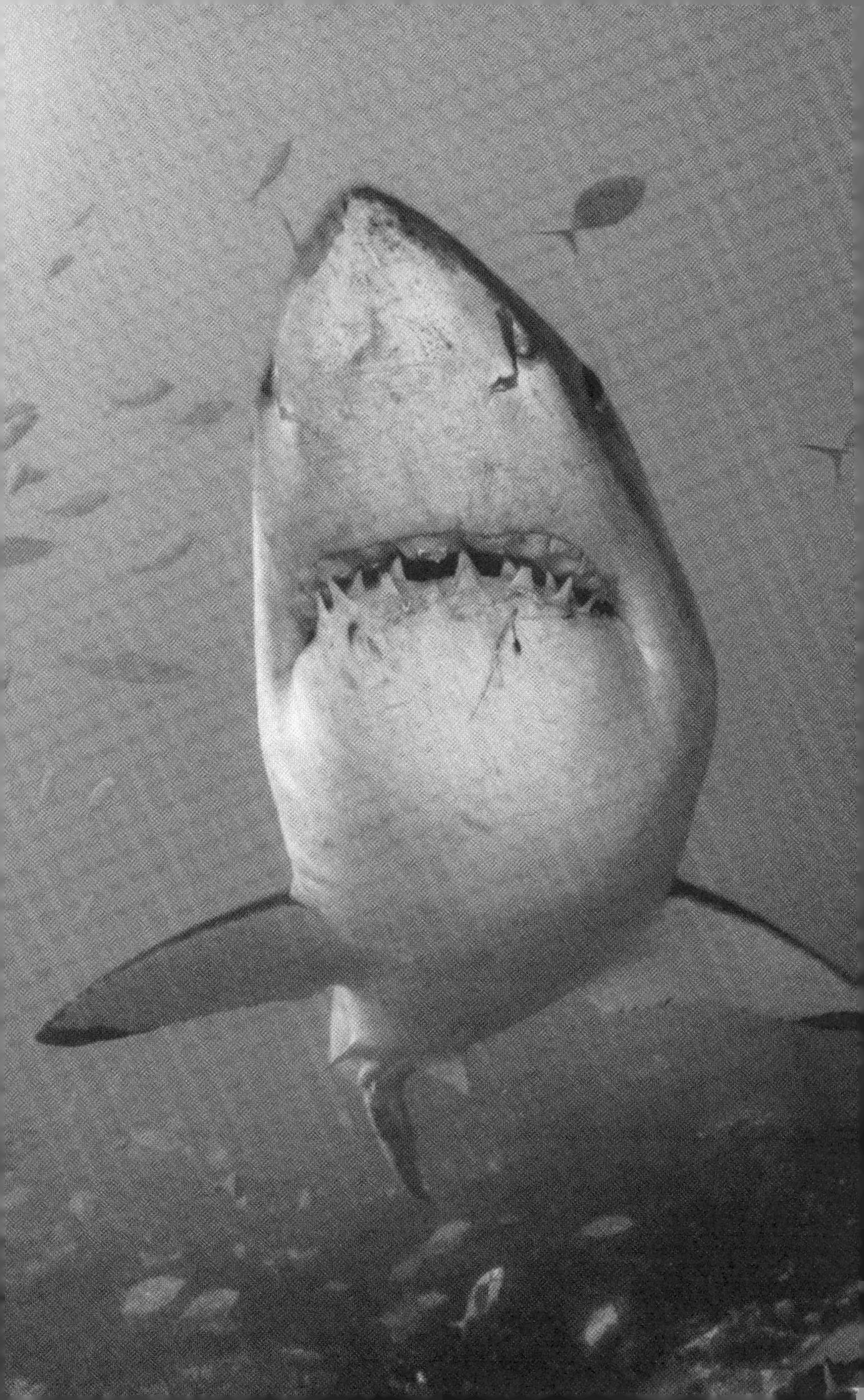

Após o ataque, em abril de 1997, velejei tendo o tubarão-fantasma na minha cola até 2005. Acredito ter cometido um erro ao voltar a velejar com o mesmo material, na mesma praia, no mesmo cenário, mas lá era meu quintal, e o processo aconteceu naturalmente. Não sei exatamente quando o sentimento me venceu, mas aos poucos parei de velejar de windsurfe. Agora, minha prancha amarela fica pendurada na entrada principal da nossa casa em Búzios.

Meu amor pelo mar não mudou com o acidente. De tanto ouvir histórias fantásticas do mar entre família e amigos, agora tenho uma somente minha. Meu avô, que também teve um episódio de ataque, ficou "mordido" porque, enquanto ele foi mais ou menos atacado, eu ganhei um troféu: minha cicatriz na perna esquerda, que virou meu carimbo do mar, um motivo de orgulho.

Hoje, entendo por que fui atacado por um tubarão-branco no quintal de casa. Invadi o território dele — a casa dos tubarões, como costumava contar para meus filhos — e, por isso, fui atacado. Não respeitei o mar. Achava que era dono dele. Aprendi que não sou dono do mar. Os verdadeiros donos são os peixes. Devemos respeitar seus limites e territórios e, principalmente, preservar esse ambiente que, apesar de forte e grandioso, está sendo destruído por nós.

Seria irresponsável achar que é totalmente seguro ir para o meio do oceano sozinho. É bom ter um pouco de medo, porque se mostra uma coisa real: existe tubarão no mar e um ataque pode acontecer. Então, é preciso tomar cuidado.

Como diz o ditado, "tem o dia da caça e o dia do caçador". Esse foi o dia da caça: 20 de abril.

Imagino que eu tenha sido o primeiro e único ser humano que aquele tubarão mordeu. Como não conseguiu se alimentar e ainda tomou um susto com minha vela, provavelmente não foi uma experiência a ser repetida.

Mesmo com todas as horas passadas junto aos tubarões na Polinésia Francesa, desde 2005 não consegui voltar a velejar de windsurfe. Hoje, sou casado, tenho dois filhos e estamos sempre juntos dentro d'água. Além do amor pelo mar, todos em casa adoram uma boa história, e claro que a favorita é a do meu tubarão!

Recentemente, levei meus filhos até o Clube de Vela em Manguinhos, porque eles queriam aprender a velejar. Cada um escolheu um windsurfe, e foram para a primeira aula. Fiquei observando da areia e, já nos primeiros minutos, percebi que levavam jeito. Em pouco tempo, os dois estavam de pé na prancha, se afastando da praia, cada um com um sorriso no rosto. Deu pra ver que foi amor à primeira vista.

Percebi que meus dias longe do windsurfe estavam contados.

Créditos das imagens

Capa – MediaProduction/GettyImages
pág. 12 - Acervo pessoal
pág. 14 - Dendy Darma/Unsplash
pág. 18 – Tomas Kotouc/Shutterstock.com
pág. 22 – Sergey Uryadnikov/ Shutterstock.com
pág. 24 – Acervo pessoal
pág. 26 – João Paulo Gasparian
pág. 28 – Acervo pessoal
pág. 34 – Daniel Martins Pinheiro
pág. 38 – solarseven/Shutterstock.com
pág. 40 – Nejron Photo/Shutterstock.com
pág. 44 – Daniel Martins Pinheiro
pág. 48 – Ken Kiefer/Shutterstock.com
pág. 50 – Acervo pessoal
pág. 56 – Daniel Martins Pinheiro
pág. 62 – Acervo pessoal
pág. 68 – mali maeder/pexels.com
pág. 70 – pixel2013/pixabay.com
pág. 74 – imagem criada a partir de mensagens de whatsapp
pág. 78 – Arquivo pessoal
pág. 82 – Tomas Kotouc/ Shutterstock.com Martin Prochazkacz/ Shutterstock.com
pág. 86 – Ramon Carretero/ Shutterstock.com
pág. 88 – Nino Cavalier/Shutterstock.com
pág. 94 – Arquivo pessoal
pág. 98 – Arquivo pessoal
pág. 100 – Sergey Uryadnikov/ Shutterstock.com
pág. 104 – Ramon Carretero/ istockphoto.com
pág. 110 – solarseven/Shutterstock.com
pág. 112 – areeya_ann/Shutterstock.com
pág. 120 – Arquivo pessoal
pág. 126 – Alessandro De Maddalena/ Shutterstock.com
pág. 128 – Ramon Carretero/ Shutterstock.com | Mogens Trolle/Shutterstock.com
pág. 134 – Arquivo pessoal
pág. 136 – Free Photos/pixabay.com
pág. 140 – Daniel Martins Pinheiro
pág. 144 – Kelvimax/pixabay.com
pág. 150 – Daniel Martins Pinheiro
pág. 152 – Daniel Martins Pinheiro
pág. 158 – MG SG/Shutterstock.com Alessandro De Maddalena/ Shutterstock.com
pág. 160 – Fer Gregory/Shutterstock.com Arquivo pessoal
pág. 166 – Willyam/AdobeStock
pág. 168 – Acervo pessoal
pág. 172 – Tomas Kotouc/Shutterstock.com
pág. 175 – Brett Jordan/pexels.com

Contribuições de conteúdo

Gui Martins Pinheiro (Abapirá)
Leonardo Marquez

Consultoria de história de vida

Alexandra Joy Forman

Este livro foi composto nas fontes Chaparral Light 12/15 (texto) e American Captain 60/60 (aberturas) e impresso pela gráfica Rotaplan em papel Pólen Bold 90g. Rio de Janeiro, 2019.